Les Cahiers de Manda
Tome 1
L'enfant brisée

Roman

Chantal-Louise Girouard

Les Cahiers de Manda
Tome 1
L'enfant brisée
© 2012 Chantal-Louise Girouard
et
CLG Édition distribution
Tous droits réservés.
ISBN: 9782981131515
CLG EDITION DISTRIBUTION

Dieu est le père de tous les enfants.

PRÉFACE

Je m'appelle Chantal-Louise Girouard. Depuis ma tendre enfance que j'écris. J'ai commencé avec des mots d'enfant dans des Cahiers Canada pour ensuite les consigner dans d'énormes cartables qui m'ont suivis tout au long de ma vie. Pour mes amis d'enfance, je suis Chantal ou Coco, pour ma tante préférée, je suis Pinouche et pour mes amis d'aujourd'hui je suis La Douce. J'ai récemment appris que mon vrai nom était Marie-Louise Girouard, mais tous ces noms ne m'appartiennent pas et je ne les ressens pas. Difficile de s'y retrouver quand on veut écrire un roman inspiré de sa propre vie direz- vous? Pas dans mon cas… ma grand-mère me surnommait également Manda en mémoire de mon arrière-grand-mère Amanda Massé et ce nom, je le porte au sein même de mes racines; cela me simplifie un peu la tâche, car en 2009, j'ai entrepris la réécriture de tous les cahiers que j'avais accumulés depuis plus de 30 ans, voici donc «Les Cahiers de Manda » un roman inspiré de ma mémoire vive et de ce que j'ai découvert sur ma vie oubliée. Par respect pour chacun, les noms des personnes concernées ont été changés.

CAHIER 1

1966. Tous étaient réunis dans le salon de Marie et Guy pour une dernière fois. Venant tout juste d'acheter une petite maison à Chambly, ce loyer ne serait bientôt plus qu'un souvenir et une épreuve parmi bien d'autres. Les bouteilles de bière et les friandises faisaient office de bibelots un peu partout sur les meubles. C'était une gigantesque fête bien méritée, eux qui venaient de traverser un drame indescriptible. Guy en portait encore de douloureuses cicatrices partout sur son abdomen, ses bras et ses cuisses. Ce n'était pas encore la guérison, mais jamais on ne l'entendait se plaindre, il pleurait certes, mais ce n'était pas pour gémir. On pouvait parfois le voir agenouillé à pleurer comme un enfant devant ses bébés; Robert qui avait deux ans, André, un an et les jumelles qui n'avaient que quelques semaines. Derrière une apparence de héros se cachait un homme tout simple qui avait sauvé la vie de ses quatre derniers bambins, les cinq plus vieux étant sortis par eux-mêmes du terrible incendie qui avait ravagé leur petite maison de la rue Lafayette à Longueuil quelques mois plus tôt.

Guy était sorti de la maison en flammes quand il avait vu son épouse avec plusieurs de ses petits dans les bras. Elle criait.

— Mes bébés! Mes enfants! Tino! Vas chercher mes bébés, je t'en supplie!

Tino était son surnom. Très rapidement et sans même les compter, il savait que les quatre plus jeunes manquaient à l'appel. Il était retourné dans le brasier pour aller chercher ses bébés qui faisaient la sieste au moment où l'incendie s'était déclaré. Il avait réussi à faire sortir les enfants par une fenêtre et les avait donnés un après l'autre au plus vieux des garçons qui était déjà dehors. On l'avait ensuite vu retourner dans les flammes. Il tentait de sauver la maison; il avait arraché la petite annexe à l'huile à bout de bras et l'avait sorti par la porte d'en arrière. Le feu avait fait déjà trop de ravage et il avait décidé de rejoindre sa famille en avant de la maison, de l'autre côté de la rue. Il n'avait pas réalisé la gravité de sa situation. On voyait sa peau boucaner par les trous brûlés de ses vêtements. Après quelques secondes dehors, en plein milieu de la rue, il était tombé en état de choc. Il était resté plusieurs semaines aux soins intensifs et il recevait maintenant tous les soins à domicile nécessaires à sa guérison.

Maintenant que les ténèbres avaient abandonné le projet de détruire cette famille, tous pouvaient enfin exprimer joyeusement le retour de l'espoir et d'un quotidien plus joyeux. Les dons de La Croix-Rouge et de la collectivité avaient suffi à consoler cette famille durement éprouvée, mais ce qui comptait le plus aux yeux de tous était qu'aucun enfant n'avait péri dans le brasier. Les parrains et marraines de chaque enfant s'étaient également chargés de les gâter en vêtements et jouets. Ils les avaient aussi pris avec eux quelque temps pour permettre aux parents éprouvés de remonter la pente.

Le stéréo faisait maintenant jouer un air de Ginette Reno et Marie, une femme presque noire au ventre marqué par les multiples grossesses, mais combien belle s'époumonait avec les mots : « Chère Maman pour te prouver combien je t'aime ». Son homme à moitié brûlé la tenait par les hanches et la faisait tournoyer au milieu du salon tentant de la convaincre de lui faire un autre bébé. Ce couple qui était déjà très uni l'était maintenant encore plus ayant pris conscience que leur bonheur pouvait leur être retiré n'importe quand sans crier gare.

Denise venait tout juste de trouver le vinyle qu'elle cherchait depuis dix minutes. Elle était toujours partante pour ce genre de réunion familiale et la situation de sa sœur Marie lui donnait à elle aussi une bonne raison de festoyer. C'était une femme magnifique aux cheveux longs. Sa peau n'était pas aussi foncée que celle de sa sœur Marie, elle ressemblait plus à une blanche qu'à une métisse. Elle avait mis un temps fou à se coiffer, se maquiller et s'habiller et ça lui réussissait parfaitement. Ses ongles toujours longs et reluisants de vernis étaient son orgueil. Seul son gros ventre de femme enceinte trahissait sa taille de guêpe et encore… Ce troisième enfant ne lui enlevait absolument rien de sa beauté naturelle et presque indigène. Elle se releva avec le vinyle dans les mains et fit signe aux invités que son heure de gloire était arrivée. Elle jouait la comédie et s'imposait en se prenant pour Alys Robi. Elle réalisait son rêve de jeune fille à travers la folie du moment; le rêve que sa grossesse hors mariage avait étouffé; le rêve que sa mère avait étouffé en lui interdisant d'interrompre ce que le Bon Dieu avait décidé; le rêve qu'elle avait elle-même étouffé en allant récupérer son premier bébé qu'elle avait abandonné à la crèche pendant quatre longs mois. Ce rêve qui était devenu inaccessible, un gros ventre à la fois et qui l'était encore plus et l'étouffait encore plus et toujours plus. Elle ne se permettait que rarement de rêver à ce qu'elle serait devenue sans ces grossesses non désirées et encombrantes. Elle ne partageait jamais ce qu'elle ressentait avec sa sœur Françoise qui lui faisait constamment la morale sur ses fréquentations de jeunesse. Celle-ci lui reprochait de ne pas avoir fini ses études et de n'être pas devenue une professionnelle comme elle qui était comptable à seulement vingt-huit ans. Elle ne pouvait pas plus se confier à sa sœur Marie qui voyait chaque nouvel enfant comme un accomplissement incontournable et qui aurait été profondément choquée par les idées de Denise qui vivait chaque naissance comme un mur de briques de plus en plus solide et imposant. En ce jour de fête, tous les rêves étaient permis, secrètement, mais permis tout de même. Sous l'effet de l'alcool, personne ne pouvait deviner ce qui la poussait à se défouler ainsi. Elle pouvait enfin s'exprimer à travers sa voix exceptionnelle et oublier tout ce qu'elle était devenue et tout ce qu'elle n'était pas devenue; tous les choix qu'elle avait faits et qu'elle regrettait amèrement comme l'homme qu'elle avait connu chez sa tante et qui lui avait offert d'être à la fois son mari et le père de son premier enfant. Le mariage avait eu lieu rapidement pour éviter les commérages et aussi rapidement était arrivé un deuxième enfant, tellement rapidement qu'elle avait choisi une robe de dentelle noire pour son union. Elle avait ainsi détourné les commentaires, la famille parlant plus de son mauvais goût que de son ventre bombé. Elle avait aussi, avec cette robe, exprimé sa certitude secrète de l'échec évident de ce mariage. Et puis il y avait ce troisième enfant qui naîtrait très bientôt, elle voulait tous les oublier le temps d'une fête, le temps de se remémorer ces soirées où elle pouvait enfiler des robes somptueuses devant un public intéressé, le temps d'un soixante-dix-huit tours ou presque.

Sa grossesse n'était pas arrivée à terme, mais avec l'abus d'alcool et l'énervement, arriva ce qui devait arriver; elle perdit ses eaux dans le salon, au moment exact où ses cordes vocales tentaient d'atteindre les notes les plus hautes de la chanson de Luis Mariano « Mexico», les derniers sons s'éteignirent dans l'étonnement de voir la flaque d'eau se précipiter sous le divan. Pendant que Marie épongeait le liquide avec un linge trouvé au hasard, beaux-frères et belles-sœurs s'empressaient de trouver Roger, le mari. Les enfants couraient dans tous les sens en criant que leur tante Denise venait de faire pipi dans sa culotte. Découragée et scandalisée, Françoise, l'aînée des trois soeurs les avait tous ramassés d'un bras ferme et les avait enfermés dans une des chambres. Elle avait ensuite ouvert la porte d'à peine un pied et avait promis à tous les enfants que s'ils restaient calmes ils pourraient voir ce qui se passait. La porte donnait directement sur le salon. On pouvait apercevoir une colonne de tête d'enfants, les yeux écarquillés de curiosité pour certains et de terreur pour d'autres. Après un peu plus de quarante minutes de panique, Roger apparut enfin à la porte de la galerie qui donnait sur la ruelle. Son frère et lui étaient allés acheter la précieuse boisson et s'étaient quelque peu attardés à y goûter en chemin.

Il n'eut pas le temps de réaliser ce qui se passait que déjà, il était au volant de sa grosse voiture américaine vert olive en direction de l'hôpital et klaxonnait sans cesse quiconque se mettait en travers de sa route. Un orage éclata, des torrents de pluie arrivèrent sur le pare-brise si fort que les lave-glaces étaient incapables de combattre ce déversement subi. Les éclairs qui apparaissaient de façon très étrange semblaient synchronisés avec les contractions de son épouse et le terrifiaient. C'était d'une telle violence qu'on se serait cru sur un champ de bataille. Le vent sifflait sur le caoutchouc usé des portes laissant couler un ruisselet d'eau sur les cuisses de Denise. L'énervement de la situation et le manque de connaissance de cette ville firent en sorte qu'ils arrivèrent en catastrophe dans le stationnement de l'Hôpital de La Salle presque deux heures après le départ du logement malgré le fait qu'ils n'étaient qu'à quelques kilomètres de là. Denise n'en pouvait plus. Les contractions étaient insupportables et de plus en plus rapprochées. Elle n'avait plus aucun contrôle sur son corps. Incapable de sortir de l'auto lorsque son mari ouvrit la porte, elle hurla, pleura et le supplia de faire quelque chose. Roger partit en courant chercher de l'aide. Il arrêta et attendit quelques secondes que les portes automatiques s'ouvrent, mais celles-ci restèrent immobiles. Il frappa fort dans la porte et attira l'attention du gardien qui était à l'intérieur. Celui-ci arriva à toute vitesse à la porte.

— Ma femme accouche! Ouvrez la porte! S'écria-t-il.

— Désolé Monsieur! On a une panne générale dans l'hôpital, va falloir aller ailleurs.

— Elle a son bébé dans l'auto! Je ne connais pas la ville! On est en visite! On se rendra jamais à un autre hôpital!

Au moment où le mari prononçait ces mots, le gardien regarda en direction de l'automobile et malgré le nuage d'eau qui embrouillait sa vision, il distingua parfaitement l'urgence de la situation. La porte de l'auto était restée ouverte, Denise avait la robe retroussée jusqu'aux cuisses, les jambes à l'extérieur de l'auto à la pluie battante et ses cris de supplice parvenaient jusqu'aux portes mécaniques de l'hôpital malgré le bourdonnement de la pluie qui tombait sur le toit de la bâtisse. Deux ambulanciers sortirent pour aller chercher la mère en détresse et l'installèrent sur une civière. Il était déjà trop tard. Elle n'eut pas le temps de se rendre à la salle d'accouchement. En fait, elle n'eut même pas le temps de se rendre à l'intérieur de l'hôpital. Denise, convaincue qu'elle venait de mettre au monde un joueur de football tellement le bébé avait pioché des bras et des jambes pour sortir, perdit connaissance.

C'est ainsi que Amanda vit le jour, dans le portique de l'Hôpital La Salle, sur une civière, pendant une panne d'électricité majeure causée par un terrible orage comme on en voit seulement que tous les cinquante ans. L'orage avait cessé aussi brutalement qu'il avait commencé. Tous se regardèrent d'un air terrifié ne sachant pas si la mère et l'enfant avaient survécu. En même temps, l'électricité revint. Un calme anormal envahit l'endroit et des curieux s'entassèrent pour voir ce qui se passait. Le père furieux avait demandé à ces étrangers de s'éloigner de son épouse qui était dans une situation très délicate. La mère reprit ses esprits en même temps que l'enfant poussa ses premiers cris; ce qui en soulagea plusieurs.

Quelques heures plus tard, Roger avait repris tranquillement son calme et se demandait ce qu'il avait bien pu faire pour mériter une vie aussi mouvementée. Lui qui rêvait d'une vie paisible à la campagne, avec une femme douce et gentille qui ne remettrait pas toujours en doute ses décisions et qui lui ferait quelques beaux enfants; il se voyait maintenant contraint d'accepter des boulots de misère pour subvenir aux besoins d'une femme de caractère qui était atterrie de force dans sa vie, avec un bébé qui n'était pas le sien. Elle s'était ensuite empressée de lui donner un deuxième enfant tout juste quelques semaines après leur mariage. Elle lui en offrait maintenant un troisième avant même qu'il ait eu le temps de trouver une maison pour accueillir toute cette nouvelle marmaille et probablement encore plusieurs autres puisqu'elle faisait preuve d'une grande fertilité.

Dès le début, il avait été intrigué par cette magnifique créature aux jambes un peu trop longues et à la jupe un peu trop courte. La première fois qu'il l'avait aperçu, il avait failli tomber d'un échafaud. Il réparait un mur de pierres dans une ruelle de Montréal et Denise accrochait des vêtements sur une corde à linge à environ trente pieds de lui. Elle habitait chez sa tante en attendant son destin. Il était à un étage plus haut qu'elle et avait pu admirer sa poitrine qui semblait un peu trop généreuse pour la simple robe de coton qu'elle portait. Il n'avait pas deviné que ses seins étaient en fait pleins de lait et il était tellement subjugué par sa beauté qu'il n'avait pas remarqué non plus que les vêtements qu'elle accrochait étaient en fait des grenouillères de bébé. Il avait cédé à son charme. Il l'avait aimé dès le début et maintenant il devait redoubler d'effort pour parvenir à satisfaire tout le monde. Il n'était pas question d'élever sa famille en ville. Il avait donc accepté l'offre de son ami de lui prêter une vielle maison à la campagne et y avait emménagé avec Denise et les enfants quelques mois auparavant. Il tentait maintenant le tout pour le tout pour rendre cette femme encore plus la sienne et était prêt à vendre son âme pour ne plus ressentir le rejet silencieux qui lui parvenait au cœur à chaque fois qu'elle le regardait dans les yeux, comme s'il n'arrivait pas à la posséder complètement.

Pendant que Roger était perdu dans ces pensées, Denise dormait profondément. La famille faisait la queue dans le corridor pour voir ce petit être qui venait de s'imposer et qui avait fait le trouble-fête. La grand-mère abénaquise arriva et ordonna à tous de se tasser. C'était une femme autoritaire qui ne souriait que rarement. Elle avait une chevelure épaisse, presque toute blanche avec un triangle qui lui descendait dans le front ce qui lui donnait un air encore plus mystérieux. Elle marchait avec assurance et il fallait la connaître intimement pour ne pas se sentir intimidé par sa prestance. Suivait derrière elle son mari anglais au menton carré qui la dépassait d'au moins deux pieds et demi. Sa voix était aussi imposante que sa stature. Il avait les épaules courbées en avant comme si elles avaient pris un mauvais pli à force de se pencher pour passer dans les portes. Ils entrèrent doucement dans la pièce pour ne pas réveiller leur fille et ils prirent à tour de rôle l'enfant. La grand-mère autochtone marmonna des mots étranges à sa petite-fille et déposa ensuite ses lèvres sur son front. Elle remit ensuite l'enfant au grand-père qui se servit de ses deux mains comme berceau. Le petit bébé d'à peine quatre livres remplissait tout juste ses deux grosses mains. L'émotion envahit le grand-père quand l'enfant lui fit un bâillement. Il savait que cette enfant se réfugierait toujours dans ses bras au moindre chagrin, il le sentait, il le voulait. C'était souvent la même chose; chaque nouveau-né était le plus beau, mais cette fois était différente, comme si son instinct l'avertissait que cette enfant aurait besoin de plus de protection que les autres. Il se jura de toujours être là pour sa petite-fille si petite, si fragile même si elle faisait déjà preuve d'un caractère intempestif, elle qui avait refusé de rester dans le ventre de sa mère jusqu'à la date prévue pour septembre. Il la caressa avec sa grande moustache, mais l'enfant se mit à chigner et rapidement la grand-mère le lui ôta malgré ses protestations. Quelques minutes plus tard, tous étaient autour de l'enfant, étonnés qu'une si petite chose ait provoqué tant de brouhaha. Amanda ne savait pas qu'elle aurait à vivre toute une vie sur le même rythme que sa naissance, qu'elle devrait combattre des torrents et des orages violents.

Plusieurs quittèrent la chambre d'hôpital pour s'en retourner fêter. Les grands-parents restèrent plus longtemps et firent la suggestion au père d'aller rejoindre les autres pour se réjouir et d'en profiter puisque dans quelques jours, lui et sa femme devront affronter la réalité et retourner dans leur petite cabane, sans eau et sans électricité, à Wotton, un petit village des Cantons-de-l'Est. Une fois le père parti, la grand-mère reprit sa petite-fille et alla la déposer sur la poitrine de sa fille.

— Envoie ma fille, donne-lui une chance de vivre, donne-lui le sein!

— Je ne serai pas capable Maman...

— Ne dis pas ça, ça va aller, on va toujours être là pour toi pis pour elle, comme les deux autres...Envoie ma fille, tu vois bien qu'elle a besoin de toi...

— Écoute ta mère pour une fois -intervint le grand homme- voyons Denise! Ce n'est pas ton premier...

— Je n'en veux pas de cette enfant-là...

— Ne dis pas ça ma belle fille...Elle a besoin de toi!

— Vous n'avez pas encore compris Papa?

— Compris quoi?

En prononçant ces mots, l'évidence le frappa; sa femme était ainsi, sa fille cadette était ainsi et maintenant, c'était sa petite-fille qui lui donnerait du fil à retordre. Il avait cru voir une ombre sombre rôder autour de l'enfant dès sa venue au monde. Il avait pourtant tout fait ce qui était en son pouvoir pour dissuader son épouse de croire en ces bizarreries autochtones. Il l'avait sorti de sa famille pour lui offrir un bel avenir d'épouse et de mère, et ce malgré une guerre sanglante. Il avait ensuite interdit à celle-ci d'exprimer ou de dévoiler ces choses étranges à sa fille Denise, il ne voulait pas qu'elle devienne comme sa mère. Il avait échoué. Denise avait elle aussi ce caractère particulier qui se jette sur seulement qu'une fille par génération. Maintenant, c'était soi-disant le tour de cette petite enfant à l'air si fragile. Il ne pouvait pas admettre que ces choses pouvaient exister. Pour lui qui était protestant, de voir les femmes de sa vie s'imaginer des trucs qui relèvent presque du paranormal était choquant. Il restait tout de même incapable de se fâcher face à elles. Comment se choquer, comment échapper à cette femme qu'il avait toujours aimée, qui lui avait donné une fille qu'il aimait autant et maintenant cette petite-fille qu'il aimait déjà. Décidé ou résigné il se retourna avec une touche d'humour vers ces trois êtres uniques les larmes aux yeux et réussit à exprimer ce qu'il ressentait en seulement quelques mots, les seuls qu'il trouva acceptables.

— Ah non, pas une autre sorcière!

Les Cahiers de Manda

CAHIER 2

Denise était inquiète. Elle regardait ses trois enfants et sa vie ne correspondait vraiment pas à ce qu'elle avait espéré en mariant cet homme. Amanda n'avait que quelques mois et était endormie dans une petite chaise de plastique aux pattes de métal perchée sur un meuble. Elle n'avait pas encore conscience de la vie de misère qui régnait autour d'elle. Les deux plus vieux Ginette et Claude pleuraient et gigotaient des jambes pour démontrer leurs mécontentements. Ils voulaient jouer par terre, mais Denise ne pouvait pas les laisser faire, car la maison était beaucoup trop froide. L'endroit était sans électricité et sans eau. On pouvait voir l'extérieur entre les planches des murs et le vent profitait de chacune de ces fissures pour envahir encore plus la demeure avec ses filets de poudrerie. Le petit poêle ne fournissait pas et de toute façon il n'y avait plus rien à chauffer.

Les deux plus vieux qui étaient emmitouflés dans des habits d'hiver et enroulés dans une grosse couverture dormirent enfin tout comme leur petite sœur avait fait quelques heures plus tôt. Denise profita de ce moment de répit pour planifier les prochains changements de couches. Elle déposa des manteaux d'étoffe sur un vieux bahut dans le coin de la cuisine . Elle attacha une vieille couverture au mur à l'aide de corde et de gros crochets de métal pour isoler ce recoin. Elle espérait ainsi conserver tout juste assez de chaleur pour ne pas que ses enfants subissent un trop gros changement de température au moment où ils auraient les fesses à l'air. Elle regarda son installation de fortune et comprit que ce n'était pas encore assez. Le cœur brisé, elle se résigna à démolir et brûler le bureau que son frère lui avait donné. Elle devait nourrir ce feu si précieux et tout meuble d'appoint devenait un luxe dont elle pouvait se passer. Avec un peu de neige fondue, elle espérait ainsi faire cuire quelques patates et avec un peu de chance elle pourrait aussi laver les couches de ses trois enfants. Elle était épuisée et ses mains étaient gercées par le froid et l'eau chaude qu'elle utilisait. Malgré tous ses efforts, il faisait encore tellement froid que l'eau refusait de bouillir. Elle regarda par-dessus son épaule droite et fixa l'escalier qui menait aux chambres du deuxième étage. Il était fabriqué en bois dur, ce qui offrirait un certain confort pour quelques heures supplémentaires et de toute façon personne n'allait en haut, car Roger avait condamné cet étage pour que la chaleur reste le plus possible en bas et cette cabane serait détruite au printemps. Dans le temps de le dire, comme poussée par le désespoir, elle arracha la rampe, les travers puis cinq marches. Elle piocha avec ferveur jusqu'à ce que le feu soit ravivé et produise une couche de braise bien épaisse. Après un tel effort physique, elle décida de remettre à plus tard le lavage des couches, elle le ferait quand la cuisine serait assez chaude pour le séchage. Elle prit ses trois enfants et les coucha sur un vieux matelas près du poêle. Elle s'étendit à leurs côtés en les tassant sur sa poitrine. Elle plaqua la grosse couverture de laine de pays grise bien serrée autour d'eux et put s'endormir à son tour. Elle sentit des larmes monter, mais les ravala aussi vite. Elle ne pleurait plus. Elle devait conserver toute son énergie à sa survie et celle de ses enfants et pleurer aurait été une perte de temps. Elle préférait garder sa rage pour autre chose... ou pour quelqu'un d'autre.

Cela faisait maintenant plusieurs semaines que Roger revenait à la maison bredouille, sans emploi. Denise crachait toute sa colère sur lui à chaque fois qu'il entrait dans la cabane et finissait par se calmer après d'interminables minutes. On aurait pu croire que l'épuisement l'empêcherait de s'exprimer avec autant de violence, mais il n'en était rien, elle explosait comme un volcan. Comme une folle. Elle tentait ensuite de le convaincre de retourner à Montréal. Roger refusait à chaque fois. Il était natif de Danville tout comme ses parents et ses grands-parents. Elle était native de Montréal, mais ses parents étaient de Richmond. Très peu de membres de leurs familles respectives habitaient Montréal ou Ville Jacques-Cartier. La plupart avaient choisi Les Cantons-de-l'Est. Ce patelin était celui de presque tous et serait le leur aussi. Dès le début du projet, Roger s'était convaincu d'y trouver le bonheur. Ce serait donc ainsi coûte que coûte.

Denise remarqua rapidement le sourire inhabituel de son mari lorsqu'il entra dans la maison, il était en retard de plus de deux heures et elle l'attendait avec une tonne de rage, mais elle n'eut pas le temps de se vider le coeur.

— Je l'ai! J'ai l'emploi!

— Non! Ce n'est pas vrai! Tu l'as?

— Oui pis encore mieux ma femme…Tiens regarde, j'ai fait des commissions… J'ai pensé au lait, aux couches, la nourriture, j'ai plein de bois dans le camion. Pis ça, c'est pour toi…

Denise avait beau avoir passé sa jeunesse à Ville-Jacques-Cartier, elle se souvenait clairement de l'odeur de la fromagerie du village qui l'accueillait chaque fin de semaine lorsqu'elle se rendait avec sa mère à Richmond pendant que son père conduisait le train du « Canadien National » vers l'ouest du pays. L'odeur particulière du fromage frais et la faim qui la tenaillait depuis maintenant deux longs jours la poussèrent à regarder dans le sac. Elle se demanda si elle rêvait. Elle trouva un gros morceau de son fromage préféré qui provenait de Kingsey Falls. Il était emballé dans un papier de boucherie rougeâtre et était attaché d'une corde de coton. Il devait y avoir au moins quatre livres de fromage frais. En sortant le fromage du sac de papier, elle découvrit une « Cherry

Blossom », sa friandise au chocolat préférée et puis un « Coke », une boisson gazeuse qui lui rappelait toute son adolescence. Elle pleura enfin et eut peine à s'exprimer. Elle se dépêcha de ramollir un peu le fromage pour en donner aux enfants et revint écouter ce que son mari avait à dire.

— Pourquoi tout ça? Qu'est-ce qui se passe? C'est pas juste l'emploi, hein?

— Je commence à travailler lundi matin! Je suis allé voir ma mère aussi! Quand elle a su pour la job à la mine d'amiante, elle était tellement contente pour nous autres qu'elle m'a donné soixante piastres! Pis ce n'est rien…On déménage ma femme! Je suis allé voir une maison à Danville. C'est une ancienne école. Elle est sur le chemin Saint-Félix dans le bout du Lac Perkins, veux-tu voir la photo?

— C'est la photo ou si la maison est vraiment rose?

— C'est du bardeau de cèdre peinturé rose, mais on s'en fout de la couleur! C'est une aubaine qui ne passera pas deux fois ma femme. Ça n'a pas été habité depuis plusieurs années, mais il paraît que tout est en bon état. Il y a l'électricité et l'eau courante part d'un puits. Il y a même une toilette! La ville exige qu'on abaisse le toit, mais on n'est pas obligé de le faire tout de suite…Mon frère va me dire quoi faire avec ça. Pour le moment, il faut débroussailler et mettre la plomberie en ordre... C'est tout! Ça va se payer dans le temps de le dire avec le salaire que je vais faire! Regarde toute la place que tu auras pour un jardin!

— Une maison rose! J'ai mon voyage! Une ancienne école…Quand est-ce qu'on peut déménager?

— Aussitôt que le pire de l'hiver est passé. Peut-être même avant…Je vais y aller souvent et je te promets qu'aussitôt que la plomberie sera réparée, et la cheminée, on s'y installera, dans deux mois tout au plus.

Roger tint sa promesse et la famille s'installa dans leur nouvelle demeure. La maison était beaucoup plus belle que ce à quoi Denise s'attendait. Elle était entièrement recouverte de bardeaux de cèdre rose saumon. Le portique avait conservé son cachet d'ancienne école de rang. Même qu'il y avait encore la cloche de laiton que Denise s'amusait à faire retentir en jouant à la maîtresse d'école. Les enfants gambadaient en riant. C'était immense. Une grande pièce centrale devait avoir servi de classe. Il y avait aussi une toute petite pièce qui donnait sur l'arrière de la maison. Denise imaginait déjà cet espace transformé en cuisinette. Il y avait une toilette juste à côté de la porte avant. Tous les murs de la maison étaient divisés en deux, le bas étant du bardeau de cèdre et le haut de magnifiques petites planches blanches embouvetées et biseautées. Il y avait aussi un escalier qui donnait sur le grenier. Roger fit monter Denise et lui expliqua qu'il ferait éventuellement plus de chambres pour les enfants. Denise fut étonnée, elle doutait que ce soit possible, mais Roger lui expliqua que lorsqu'il descendrait le plafond pour être conforme aux lois, il en profiterait pour gagner de l'espace dans le grenier en modifiant l'angle des lucarnes. Satisfaite des explications de son mari et de ses projets, elle redescendit avec un large sourire, car elle pourrait garder une petite pièce en bas pour la couture.

Denise installa les enfants sur une courtepointe par terre et sortit le pique-nique qu'elle avait préparé. Roger alluma le poêle à bois. Dès la fin du repas, les deux plus vieux furent autorisés à s'amuser et à courir partout. Les lieux étaient sécuritaires et pendant que les enfants lâchaient enfin leur fou, elle pouvait installer les lits de fortune pour la nuit. Amanda qui n'avait pas encore un an observait sa mère aller et venir. Elle était silencieuse, mais curieuse. Elle adorait suivre sa mère des yeux partout où celle-ci allait. Elle l'admirait et la trouvait belle. Elle aimait sa mère. Roger aussi était heureux. L'endroit n'était même pas encore dépoussiéré qu'il imaginait déjà comment il diviserait la maison pour faire des pièces. Il allait de long en large à travers la grande pièce avec son ruban à mesurer et son bout de papier sur lequel il inscrivait ce qui deviendrait vite un plan.

Les rénovations ne tardèrent pas. Dès qu'une pièce était terminée, Roger en entreprenait une autre. Après deux ans, la cuisine était fonctionnelle. Denise pouvait maintenant vaquer à ses tâches ménagères de façon convenable. Toutes les pièces étaient meublées. Il n'y avait presque rien de neuf dans la maison, mais tous ne manquaient de rien et la nourriture abondait. Denise venait de donner naissance à Caroline, son quatrième enfant et elle appréciait d'avoir enfin une laveuse et une sécheuse. Elle était anormalement fatiguée depuis l'accouchement, mais ne se plaignait pas. Quelle femme oserait se plaindre? Elle avait une maison, un mari qui ne manquait pas de travail et des enfants en santé. Il y avait bien Amanda qui n'était pas aussi forte que les autres enfants, mais elle était tout de même en santé. Jamais elle n'aurait osé dire que quelque chose n'allait pas et de toute façon, à qui aurait-elle pu se confier? Elle se concentrait sur son quotidien n'écoutant pas les cris d'alarme que son corps lui envoyait. Elle était heureuse que son mari ait répondu à ses attentes et Roger pour sa part, la voyait partout. Ils semblaient s'aimer réellement et avaient beaucoup de projets. Roger voulait faire un immense jardin, un garage et un poulailler. Denise voulait habiller tous ses enfants elle-même. Ils faisaient presque tout ensemble. Roger se découvrit des talents de cuisinier et Denise se donnait à fond dans les tâches ménagères. Elle développait ses talents de couturière en habillant fièrement les enfants et son mari de la tête au pied.

Les malaises de Denise s'accentuèrent en intensité et devinrent de plus en plus fréquents, mais elle s'obstina toujours à les ignorer. Elle commença à avoir les symptômes d'une dépression majeure. De simples détails lui paraissaient maintenant insurmontables. Tout autour d'elle devenait des montagnes à soulever. Elle voyait de moins en moins l'amour et de plus en plus les tâches à exécuter. Depuis leur départ de Montréal, elle n'avait eu aucun répit malgré toute la volonté dont elle avait fait preuve. Roger toujours à l'affût de rénovations avait encore mis la maison sens dessus dessous et elle en avait marre de secouer les vêtements des enfants pleins de bran de scie avant de les habiller. Elle devait constamment surveiller ceux-ci qui jouaient parmi les outils et les deux par quatre qui jonchaient le sol. Elle perdait patience. Elle pleurait souvent. Elle avait peur, mais ne comprenait pas tout à fait pourquoi. Peut-être le savait-elle au fond, mais elle refusait de se l'admettre. Elle faisait tout pour ne pas tenter son mari. Elle ne voulait plus d'enfant, elle qui n'en avait jamais vraiment voulu. Quatre lui suffisaient amplement. Roger qui avait toujours soif du corps de sa femme ne réalisait pas les conséquences que chaque grossesse avait sur sa femme. Il la désirait et celle-ci le repoussait. Denise qui contrairement à sa mère, n'avait pas le courage de dire ce qu'elle pensait se réfugiait dans le silence. Roger commençait lui aussi à changer et pas pour le mieux. Denise découvrait tranquillement un nouvel aspect de la personnalité de son mari. Cela lui faisait presque peur. Elle se sentait de plus en plus comme un objet surtout lorsqu'il la prenait de force. Elle finit par perdre le peu d'estime qu'elle avait d'elle-même. Roger se réfugiait dans la domination et Denise dans la soumission. Le fossé se creusait de plus en plus profondément.

Amanda était assise sur la petite galerie en avant. Elle regardait Claude et Ginette jouer dans la terre. Elle ne pouvait pas aller les rejoindre. Elle était malade. Comme trop souvent, elle devait rester inerte seule avec ses pensées. Si elle bougeait le moindrement, elle saignait du nez à nouveau. Sa mère arriva avec un drôle de jouet sur la galerie. Une boîte plus ou moins carrée avec un rouleau noir et une poignée en chrome. Lorsqu'on appuyait sur celle-ci, le rouleau se promenait d'une extrémité à l'autre de la machine. Amanda l'observa avec un air de curiosité. Sa mère lui prit un index et la fit appuyer sur des petites touches rondes sur lesquelles étaient inscrits des signes. C'était des lettres, mais Amanda ne le savait pas encore. Elle était beaucoup trop petite pour comprendre qu'il s'agissait d'une machine à écrire. Elle adorait le bruit infernal que la machine faisait lorsqu'elle appuyait sur la poignée de métal. Le claquement des touches résonnait et faisait sourire Amanda. Elle resta ainsi avec la machine sur les cuisses durant des heures et oublia qu'elle était différente.

Amanda adorait sa mère. Elle se sentait privilégiée. Pendant que les autres enfants jouaient ensemble, elle pouvait être plus proche de sa mère. De la galerie, elle pouvait l'entendre vaquer à ses tâches ménagères. Amanda pouvait passer parfois une heure à fixer la moustiquaire de la porte d'entrée en attendant de voir enfin le visage de sa mère apparaître et lui sourire. Elle ne se rendait pas compte qu'elle était malade, elle croyait qu'elle avait le privilège d'être près de sa mère par gentillesse. Elle écoutait toutes les consignes de sa mère religieusement. Elle l'admirait tellement que jamais elle n'aurait osé faire quoi que ce soit, qui aurait fait pleurer sa mère adorée et chaque fois qu'elle la voyait pleurer, elle redoublait d'efforts pour être encore plus gentille.

CAHIER 3

Amanda regarda la femme qui se penchait sur elle. Ce n'était pas sa mère. La femme étrangère portait un chignon grisonnant. Elle avait le visage plutôt mince et portait des lunettes en corne noire d'une forme un peu pointue vers l'extérieur des tempes. L'inconnue s'adressait à elle avec une voix de velours et lui souriait constamment. Derrière la dame se trouvait un comptoir de cuisine, des armoires et des fenêtres à perte de vue. Des plantes étaient suspendues à chaque fenêtre. Amanda ne comprenait pas ce qu'elle faisait là. À seulement trois ans, c'était impossible de comprendre ce genre de chose et même si elle se demandait où était sa mère chérie, cette étrangère la rassurait avec sa voix douce et calme. Une jeune fille arriva. Elle la prit dans ses bras pour la sortir de son siège d'appoint et l'emmena faire une marche. La jeune fille qui s'appelait Dorothée s'amusa à faire sautiller Amanda sur les trottoirs. De retour, Dorothée installa Amanda sur un petit matelas de gymnastique bleu et lui expliqua qu'elle devait faire une sieste. Elle ajouta qu'elle aurait une surprise par la suite. Quelques heures plus tard, Amanda ouvrit les yeux et aperçut sa grande sœur. L'écart de deux ans était énorme pour Ginette et elle jouait à la mère avec Amanda. Elle la reprenait sur tout et lui montrait quoi faire en toute circonstance. Amanda trouvait cela parfois un peu exagéré, mais elle aimait bien sa sœur et elle voulait lui faire plaisir, alors elle lui obéissait sans broncher.

— Je suis donc bien fière de toi! T'as fait un beau dodo?

— Gigi? Elle est où Maman?

— Maman est malade. On va aller dans notre maison quand Maman va aller mieux. Elle va revenir nous chercher.

— Je veux Maman!

— Pleure pas de même Manda. Tu vas faire de la peine à la madame qui est fine. On va retourner à la maison bientôt, promis!

Ginette avait vu juste. Elles retournèrent rapidement à la maison, mais plus rien ne fût pareil. Amanda ressentait le changement. Sa mère avait le regard éteint. Elle était triste, la tête basse, toujours en jaquette. Elle ne prenait plus soin d'elle. Le plancher de la maison était collant. Les chambres sentaient le linge sale. Amanda ne voyait plus sa mère vaquer à la cuisine pour concocter des plats chauds et délicieux. Ils mangeaient constamment des sandwichs aux concombres. Il n'y avait plus de gros biscuits à la mélasse. La maison en carton avait été enlevée et il n'y avait plus de tapisserie de dessins sur les portes. Quelque chose était mort.

Amanda se réveilla assise carrée dans un lit qui n'était pas le sien, elle se mit à hurler de toutes ses forces. Rapidement la dame aux lunettes noires entra dans la chambre et la berça doucement en s'asseyant sur le bord du lit. Amanda était en état de crise. La femme appela sa fille à la rescousse. Amanda se calma un peu. Elle put prononcer quelques mots inondés de pleurs.

— Où Maman, Maman!

Amanda était revenue chez cette dame inconnue aux lunettes noires après seulement quelques jours à la maison. Elle était arrivée en milieu de journée la veille et restait inconsolable depuis ce temps. Elle avait pleuré une bonne partie de la nuit tombant de fatigue entre chaque crise. L'heure du déjeuner arrivait et la dame demanda à sa fille Dorothée de prendre la relève.

— Peux-tu rester avec elle? Je vais aller faire du gruau. Si ça ne marche pas, je reviendrai.

— Oui Maman, je m'en occupe, vous savez bien que je suis capable.

Dorothée berça Amanda serrée contre elle jusqu'à ce qu'elle soit complètement calme. Amanda ne voulait plus dormir, car chaque fois, elle retombait dans le même cauchemar. Elle revoyait toujours la même scène. Celle d'une femme qu'elle ne connaissait pas au volant d'une automobile qu'elle ne connaissait pas non plus. Sa sœur Ginette était assise sur le siège avant et elle, installée à l'arrière. Amanda regardait par la fenêtre arrière et voyait le camion de son père arriver à toute allure. Soudainement la dame qui conduisait criait à Amanda de se coucher sur le siège de l'auto et accélérait brutalement. Un bang retentissait, puis un autre. Le bruit de métal froissé envahissait l'automobile. Maintenant dès que le sommeil la gagnait, Amanda essayait de crier de toutes ses forces, mais aucun son ne sortait de sa bouche. Son cauchemar ne voulait plus finir. Puis elle se réveillait et enfin ses cris de terreur pouvaient sortir de son petit corps meurtri.

L'événement de la veille avait été si violent que Amanda s'était coincée entre le siège arrière et le siège avant sur le plancher de l'automobile. Une giclée de sang était passée par-dessus le dossier pour atterrir sur le siège arrière. Une pluie de verre concassé était tombée sur elle. Le bruit ne s'était pas arrêté là. On dirait dit une longue traînée de métal qui n'en finissait plus. Le calme était survenu, mais avait été de très courte durée. La femme assise en avant avait poussé des cris de douleurs. Elle avait demandé à Amanda de ne surtout pas bouger ne sachant pas que Amanda était de toute façon prisonnière. Ginette était restée inconsciente. Amanda ne pouvait la voir du fond de la voiture. Elle avait ensuite senti l'auto se balancer d'en avant vers l'arrière. L'automobile suspendue sur la rampe du petit pont de métal semblait hésiter à tomber dans l'eau. Et puis, Amanda avait entendu la voix de son père crier. Puis le grincement de la porte d'auto l'avait terrorisé encore plus. Elle avait fini par perdre connaissance lorsque son père tentait de la sortir de force de l'automobile. Elle s'était réveillée plusieurs heures plus tard à l'hôpital de Sherbrooke. Elle ne sut jamais ce qui s'était exactement passé ce jour-là.

Le cauchemar durait depuis plusieurs semaines puis s'estompait tranquillement. Avec l'amour et la sécurité que lui apportait cette famille d'accueil aimante, Amanda reprenait des forces et était maintenant prête à revenir dans sa famille naturelle. Elle n'arriva pas à saisir ce qui se passait. Sa mère était constamment changeante. Un jour elle était euphorique et aimante et le lendemain, elle était incapable de se lever. Un jour elle construisait une maison de carton pour les enfants et le lendemain elle ignorait totalement leur existence se repliant sur elle-même. Amanda tenta chaque jour de la consoler, mais en vain. Sa mère la repoussait de plus en plus. Étrangement, plus la mère s'éloignait d'Amanda plus elle se rapprochait de Ginette. Son regard n'était plus le même. Elle s'adressait à Ginette avec amour et admiration puis changeait bêtement d'attitude lorsqu'elle s'adressait à Claude, Caroline ou Amanda. Elle avait aussi commencé à utiliser des termes vraiment dégradants envers eux. Heureusement qu'ils ne connaissaient pas encore la portée des paroles de leur mère. Ginette échappait totalement à la haine qui envahissait tranquillement sa mère. Elle bénéficiait d'une complicité qui durerait d'ailleurs toute sa vie. Amanda se demanda ce que pouvait vouloir dire le mot bâtard.

Roger avait décidé qu'il était temps pour Amanda d'être propre. Le médecin lui avait expliqué que la vessie pouvait prendre plus de temps à se développer chez certains enfants et qu'il fallait compenser en stimulant l'enfant en attendant la fin de la croissance de celle-ci. Roger avait tout de même décidé qu'il s'agissait de paresse. Heureusement pour Amanda, sa mère qui semblait aller un peu mieux venait la réveiller très tôt le matin. Elle changeait son lit et se dépêchait de tout laver. Elle installait la petite sur la toilette. Elle la lavait pour ensuite la remettre au lit comme si de rien n'était. Amanda dormait tellement profondément qu'elle avait à peine connaissance de ce que sa mère faisait pour elle. Lorsque Roger arrivait de son quart de nuit, rien ne paraissait. Les enfants dormaient pour encore quelques minutes et Denise s'affairait déjà à préparer les déjeuners. Roger était allé vérifier si Amanda avait mouillé son lit et il était ressorti de la chambre, satisfait et convaincu qu'il avait choisi la bonne méthode.

— Je te l'avais dit! Si tu lui mets une couche, elle pisse dedans, si tu ne lui en mets pas, elle ne pisse pas, c'est aussi simple que ça.

— Je ne suis pas aussi sûre que toi…

— Tu vois bien! Elle n'a pas pissé!

— Chut! Baisse le ton, tu vas réveiller les enfants. Ce que je veux dire, c'est que ce n'est pas garanti que ça marche tout le temps. Le docteur a dit qu'il faut la stimuler, ne pas lui faire peur, ce serait pire, il te l'a expliqué c'est quoi, elle ne le fait pas pour mal faire, sa vessie est lente…

— N'empêche que ça marche! C'est peut-être elle qui est lente, depuis qu'elle est au monde, c'est juste un paquet de problèmes!

— Je ne pense pas, et tu le sais qu'elle n'a pas une bonne santé, je suis certaine que ce n'est pas bon pour elle de la brasser comme ça…

— C'est quoi ça?

— Crie pas de même Roger…

Denise n'eut pas le temps de finir sa phrase que Roger l'accota rudement sur la laveuse avec sa seule main gauche. La porte de la sécheuse était ouverte et il tenait le drap d'Amanda dans l'autre main.

— C'est quoi ça ma maudite!

— Roger! Arrête! Tu me fais mal!

— Elle n'a pas arrêté de pisser au lit c'est ça? Pis toi tu la couves? Qui t'a donné la permission de prendre la sécheuse?

— Je ne pouvais pas les accrocher sur la corde, tu aurais tout de suite deviné, je les ai fait sécher avant que tu arrives. Mais là je les ai oubliés dans la sécheuse.

Denise reçut plusieurs gifles en plein visage et Roger se dirigea vers la chambre des filles. Denise ne le voyait plus. Elle reprenait lentement ses esprits. Il était déjà au-dessus de sa fille la frappant violemment. La petite n'avait rien vu venir dormant profondément sur le côté. Son petit cœur d'enfant s'était mis à battre si fort qu'elle avait eu l'impression que quelque chose venait de se rompre au fond de ses entrailles. Elle était terrorisée et paralysée par la douleur. Ginette avait pris Caroline dans ses bras et l'avait couverte de la courtepointe afin d'éviter qu'elle voie ce qui se passait. Denise était arrivée dans la chambre et tentait d'enlever son mari qui était penché sur sa fille, le suppliant de la laisser, mais, il la fit revoler sur le coin d'un bureau. Elle tomba par terre.

Amanda ne bougeait plus. Elle était molle et inerte. C'était comme si elle n'était plus dans son corps, elle voyait toute la scène comme si elle avait été au-dessus de la situation, elle voyait son corps, elle avait de la peine, mais ne ressentait plus la douleur. Il cessa de la frapper. Il agitait maintenant son petit corps, mais rien n'y fit. Amanda était toujours détachée de son corps et se demandait quoi faire, elle était tellement bien, elle ne souffrait plus. Elle ressentait une légère brise fraîche, elle regarda son père et se demanda comment se faisait-il qu'elle le voyait de dos puisque son corps était en face de lui, elle comprit qu'elle avait deux êtres en elle, celui qui était dans son lit et celui dont elle avait connaissance maintenant. Elle ne sut quoi faire avec cette découverte et attendit que quelque chose se passe. Un silence de mort envahit la maison. Le père devint incrédule. Venait-il de se rendre compte de la portée de son geste? Sa léthargie ne dura pas. Il prit rapidement sa fille dans ses bras. Denise croyant qu'il regrettait ce qu'il venait de faire le suivit jusqu'à la salle de bain. Roger ordonna à sa femme d'ouvrir le rideau de la douche, Denise obéit au doigt et à l'œil. Il lui fit signe d'ouvrir l'eau froide. Elle s'exécuta tel un soldat bien entraîné. Il tint Amanda à bout de bras sous l'eau froide jusqu'à ce qu'elle revienne à elle et se mette à crier. Sans la dévêtir ou la couvrir d'une serviette, il la ramena dans sa chambre et la laissa tomber sur son petit matelas de cuirette brune. Il lui arracha ses draps et ses couvertures, lui retira son oreiller. Il prévint tout le monde, Amanda était une enfant à problème qu'il fallait dresser et quiconque tenterait de l'aider, la consoler, la couvrir ou lui offrir quelque réconfort que ce soit, subirait le même sort. Le destin de Amanda venait de se dessiner. Elle était abandonnée comme un chien galeux. Elle était rejetée par ses pairs.

Amanda ne sachant pas ce qu'elle avait fait de mal, ne comprenant pas que sa vie venait de chavirer, essayait seulement de respirer et survivre à cette sauvage agression et au retour brutal dans son corps. Le sang qui s'écoulait de son nez ruisselait sur son petit visage meurtri. Elle tentait de tourner la tête pour voir ses deux sœurs, mais en vain. Son corps ne répondait plus à aucun commandement. Elle était maintenant envahie par le froid. Ses vêtements trempés lui collaient sur la peau et cette sensation désagréable venait amplifier la douleur. Elle tremblait de tout son corps. Elle avait mal partout, dans son corps, dans sa tête, dans son cœur et dans son âme. Elle devenait une enfant brisée.

    Amanda entendit une porte ouvrir, elle bougea à peine les paupières, elle souffrait, la lumière était trop forte, elle referma les yeux aussi vite. Elle se sentit valser. Soudainement, elle ne ressentit plus aucune douleur, elle ouvrit les yeux de nouveau. Elle redécouvrit ce lieu étrange où elle était allée juste avant la douche froide. Personne ne semblait connaître ce lieu sauf elle. Personne ne l'avait vu se réfugier à cet endroit. Quel était donc cet endroit mystérieux? Elle ne pouvait y répondre, mais elle avait une certitude, cet endroit deviendrait sa cachette, son refuge.

CAHIER 4

1971. Après deux ans que Amanda soit battue quotidiennement, cela était devenu une norme. Les coups de poing avaient cédé la place à la ceinture de cuir, puis à la verge et finalement à une traîne de bois. Le père avait, dans sa folie, bien pris soin d'amincir une extrémité et d'y apposer du ruban électrique afin de ne pas se blesser lui-même au moment des frappes. Les punitions étaient de plus en plus violentes et se succédaient. Un matin d'hiver, alors que Amanda avait mouillé son lit une fois de plus, elle fût mise complètement nue sur la galerie. Elle avait subi l'humiliation lorsque l'autobus scolaire était venu chercher son frère et sa sœur aînés. Le père avait aussi trouvé une autre punition pour satisfaire sa soif de contrôle et de terreur. Tous les matins, après avoir battu Amanda, il la faisait laver ses draps à la main dans le bain. Tout devait être lavé, rincé et tordu. Elle était tellement petite qu'elle devait s'appuyer fortement sur le bord du bain presque en équilibre pour atteindre les draps dans le fond du bain. Cette punition s'accentuait encore et encore si bien que lorsque Amanda commença sa première année, le rituel était devenu si impitoyable qu'elle avait peine à se tenir debout à l'école. Toujours après être réveillée par les coups, elle devait maintenant laver ses draps en se levant. Elle n'avait pas le droit de s'habiller sous prétexte qu'elle puait, elle lavait, frottait, rinçait et tordait ses draps avant toute autre chose. Souvent, le père obligeait Claude à donner un coup de pied à sa sœur cadette pendant sa corvée, il devait lui dire des grossièretés, s'il ne le faisait pas, il était puni lui aussi. Amanda devait étendre ses draps toute seule et sans aide sur la corde à linge, le travail devait être parfait sinon elle était encore battue. Lorsqu'elle réussissait à faire tout cela, elle pouvait ensuite se laver pour enfin obtenir le droit de se vêtir. Malheureusement après toutes ces interminables minutes pour réussir à se conformer aux exigences de son bourreau, il ne restait plus de temps à Amanda pour déjeuner, sa mère lui faisait alors une beurrée de beurre d'arachides en cachette du père qu'elle pliait en deux et Amanda s'empressait de la cacher dans son sac d'école en denim. Il ne fallait pas que les autres les voient faire, car le père aurait encore fait déferler une tempête de violence sur la famille. Une fois assise dans l'autobus, elle pouvait enfin manger, tremblant de tout son corps, elle avalait sa beurrée et mastiquait à peine de peur d'être vue et rapportée par son frère ou sa sœur qui étaient assis à l'arrière de l'autobus.

Amanda profitait au maximum des semaines que son père n'était pas à la maison le matin pour vivre un peu de répit. Denise, entre deux dépressions, trouvait le moyen d'aider sa fille. Elle plaçait son cadran dans la nuit, en l'absence de son mari qui était sur le quart de nuit. Elle réveillait doucement sa fille pour la mettre sur la toilette, lui faisant signe de ne pas réveiller les autres. Amanda retournait calmement dans son lit après avoir fait un énorme câlin à sa mère. Elle aurait voulu que sa mère soit toujours ainsi, qu'elle la prenne dans ses bras souvent. Amanda ne pouvait supporter de voir sa mère pleurer et elle était convaincue que c'était sa faute si sa mère pleurait souvent. Elle pensait qu'elle n'était pas une bonne petite fille et que cela rendait sa mère triste. Malheureusement pour Amanda, les dépressions de sa mère se faisaient de plus en plus fréquentes et les punitions redevenaient une habitude. Après plusieurs mois de faux espoirs, Amanda n'en pouvait plus d'attendre l'amour de sa mère, elle s'en éloigna, chaque jour, un peu plus jusqu'à ne plus rien attendre d'elle, la rupture était palpable, Amanda n'était plus l'enfant affectueuse qu'elle avait déjà été. Elle se réfugiait dans son monde imaginaire ou dans son étrange refuge dont elle seule connaissait l'existence lorsque la souffrance était trop intense et qu'elle avait apprivoisé au fil des mois. Elle n'entrait plus en contact avec personne, se contentant d'exister plutôt que de vivre. Ses yeux ne croisaient plus ceux des autres, ses oreilles n'entendaient plus le même langage et sa bouche n'exprimait plus aucun désir. Elle semblait éteinte. Personne ne pouvait se douter de la force intérieure qui se formait derrière ce toupet châtain clair et silencieux. Tel un volcan dangereux en dormance, elle restait silencieuse sauf pour quelques fois comme ce jour où elle avait surpris tout le monde dans la maison avec ses commentaires qu'elle seule pouvait comprendre le sens réel. Quelques semaines auparavant, son frère Claude lui avait offert une petite image de format de poche qu'il avait obtenu au *Sanctuaire de Beauvoir* lors d'une visite guidée avec l'école; on pouvait y voir Jésus les bras tendus sous les rayons du soleil et on pouvait y lire l'inscription « Dieu est le père de tous les enfants ». Tout s'était subitement éclairci dans son esprit; elle avait deux pères et elle pouvait choisir celui qu'elle voulait. Ainsi lors d'un souper où Amanda avait renversé le verre de lait de sa sœur avec son coude, le vent tourna enfin en sa faveur.

— Fais donc attention maudite truie! Des fois je me demande si tu es vraiment ma fille! Ça ne se peut pas que j'aie fait une fille comme toi!

— Tiens Nathalie, prends mon verre!

— Tu peux bien lui donner ton verre, tu n'en mérites pas! Tu es juste une grosse pas bonne!

— L'père…Si vous ne voulez pas de moi comme fille, moi je n'ai pas de problème avec ça…

— Quoi? Qu'est-ce que tu dis?

— J'ai un autre père si vous voulez le savoir!

— Ah! Elle est bonne celle-là! Et qui voudrait de toi, le voisin peut-être?

— Non je n'ai pas besoin du voisin, Dieu est le père de tous les enfants! Et un jour je vais aller dans sa maison...

Le père ne sut quoi répondre et s'élança pour la frapper violemment, mais Amanda le regarda droit dans les yeux et attendit le coup...Il se ravisa constatant que la menace de la douleur n'atteignait plus sa fille. Pour la première fois, non seulement elle le désarmait, mais le défiait. Malheureusement pour Amanda, ce n'était que le début d'un long combat entre cet homme et elle pour garder son âme intacte. Amanda sortit l'image de sa poche et la glissa doucement sur la table de bois jusqu'à son père. Il la regarda et devint pâle, très pâle, peut-être que c'était le grand-père qui avait raison après tout, peut-être était-elle vraiment une sorcière!

Les Cahiers de Manda

CAHIER 5

1972, Amanda sursauta, encore endormie, elle tourna la tête vers la gauche pour constater que sa sœur Ginette et sa cousine Francine étaient accrochées au rebord de la fenêtre de la chambre; Ginette pleurait en tentant d'étouffer avec une main les sons qu'elle produisait; Francine ordonna quelque chose à quelqu'un dehors, mais à voix tamisée comme si elle ne voulait pas vraiment que son interlocuteur puisse l'entendre. Les deux cousines regardaient la scène qui se déroulait à l'extérieur, à côté de la maison du côté jardin; Marie, Guy et leurs enfants étaient en visite. Les adultes veillaient dehors et les enfants étaient couchés depuis plusieurs heures déjà. La chicane entre les adultes faisait rage; Roger avait frappé sa femme avec un boyau d'arrosage, Guy était intervenu et tentait de raisonner son beau-frère. Il n'y avait rien à faire, la violence ne faisait qu'augmenter. Roger frappa sa femme avec une chaise de parterre. Guy ne pouvant pas accepter cela lui qui adorait les femmes et les respectait ne fit ni un ni deux et sauta sur Roger. Sa fille Francine l'encourageait à mi-voix et demandait à celui-ci de le tuer. Roger étant un homme de très forte taille et habitué aux batailles et Guy étant un gentil pacifiste, ce dernier céda. Roger venait de faire encore une fois sa démonstration de force. Lorsque Amanda se réveilla le lendemain matin, il n'y avait plus de visite dans la maison. Ce n'était pas la première fois que quelqu'un essayait de faire cesser la violence dans cette famille, mais tous avaient échoué ne faisant que renforcer le pouvoir que cet homme avait sur sa famille, son entourage, ses choses et ses sujets.

La même année, la grand-mère maternelle avait cru bien faire en apportant un gros rôti de viande pour tous, spécifiant que c'était normal puisqu'elle passait ses vacances à la maison. Roger ne le prit pas ainsi. Le geste de la grand-mère l'avait profondément insulté. Il disait qu'il était capable de nourrir sa famille, elle y comprit. La grand-mère ayant un caractère peu commun lui avait rétorqué qu'il était trop orgueilleux et avait ajouté que l'orgueil n'était pas son seul défaut. Elle venait de réveiller le diable qui dormait en cet homme depuis quelques jours. Le rôti étant gelé, Roger l'utilisa pour assommer sa belle-mère. Elle ne vint plus jamais à la maison.

Amanda était maintenant convaincue que nul ne pouvait arrêter cet être diabolique qui régnait sur tous tel un bourreau. Elle aurait à attendre d'être grande et si elle était toujours vivante, elle s'en chargerait elle-même. En attendant, tous devaient se soumettre à son règne. Il y eut tout de même quelques fois où les volées étaient presque une récompense comme cette fois où Ginette avait eu la brillante idée de cacher la ceinture de cuir en arrière d'une grosse commode en bois. Elle avait sollicité l'aide de ses frères et sœurs et ils avaient déplacé la commode ensemble. Ginette avait ensuite planté un gros clou en arrière et y avait accroché la ceinture maudite. Ils avaient ensuite tous ensemble poussé sur le meuble pour le remettre en place. Ginette avait ensuite fait jurer à tous de ne jamais révéler leur secret. Lorsque le père eut besoin de son outil de punition, il l'avait cherché partout et commençait à se douter de quelque chose. Il fit mettre à genou tous les enfants qui ne comprenaient pas ce qui se passait. La punition fût interminable, alignés en avant des portes d'armoires de cuisine, il passait en arrière de chacun les injuriant, les frappant et les menaçant. Amanda se faisait un malicieux plaisir de voir son père perdre le contrôle ainsi. Elle se foutait complètement de la punition. Elle était tellement fière de l'idée de sa sœur que jamais durant toute la punition elle ne céda. La punition dura presque toute la journée. La seule chose que regretta Amanda de cette aventure était qu'aucun d'eux n'avait pensé à brûler la ceinture plutôt que de la cacher. Le père avait fini par la retrouver. Peu importait puisqu'ils avaient tous acquiescé la punition fièrement et cela avait déstabilisé le père. Celui-ci commençait à comprendre que ses enfants grandissaient rapidement et que bientôt, il en perdrait le contrôle leur ayant lui-même enseigné la dureté, la violence et l'endurcissement. Ils étaient maintenant tous des durs, comme lui, à son image.

1972. L'école était pour Amanda un havre de paix. Même les taquineries des autres enfants ne l'atteignaient pas. Elle évitait les jeux pour conserver ses forces et ne se mêlait pas aux autres. Elle restait à l'écart, perdue dans ses pensées et s'inventait une autre vie, une autre famille et une autre elle-même. Parfois lorsqu'elle était vraiment épuisée, elle prenait ses dernières forces pour grimper sur la clôture de l'école et allait rejoindre sa tante et son oncle qui habitaient la maison mobile juste derrière l'école Ferland dans le bas du village. Le couple l'accueillait sans jamais la réprimander. L'oncle bougon travaillait à scierie Geoffroy à Danville et tout le monde le surnommait *« Caloutte »*. La tante était aux yeux de Amanda une héroïne. Elle était capable de coudre tout un vêtement debout. Elle faisait asseoir Amanda sur le comptoir de la cuisine et elle branchait sa machine à coudre portative juste à côté d'elle. Amanda avait le droit de la regarder coudre et de lui poser des questions. Amanda observait attentivement tous les mouvements de sa tante enregistrant tous les détails : quel angle prendre pour les épaules, courbe du l'entrejambes, rebord de celle-ci. Rien n'échappait à Amanda. Elle était si attentive qu'elle remarqua que sa tante avait oublié une aiguille et lui fît la remarque. Sa tante la remercia gentiment et lui expliqua qu'elle devrait mettre autant d'effort à l'école; que cela lui serait bien utile.

— Tu n'aimes pas l'école?

— Oui ma tante j'aime ça.

— Pourquoi es-tu ici dans ce cas?

— Je suis fatiguée, je ne comprends rien dans la classe, pis je m'endors sur le calorifère juste à côté de ma chaise.

— Oui, mais tu sais que ton père va finir par s'en apercevoir un moment donné, l'école va téléphoner ta mère, pis elle va être inquiète aussi...

— Elle n'en a rien à faire de moi ma mère!

— Voyons donc, ne dis pas ça!

— C'est vrai ma tante, je te le jure, pour elle je n'existe pas, pis c'est toujours ma faute!

— Bon bon bon! Ça va faire là! Ça va s'arranger, tu vas voir; pour le moment, il faut que tu retournes à l'école, si tu veux, je vais y aller avec toi.

— Est-ce que je peux regarder dans le coffre à mon oncle avant?

— Je te dis toi! Envoie!

La bonne tante fit débarquer Amanda du comptoir et lui ouvrit le coffre à pêche de son oncle lui interdisant bien de toucher à quoi que ce soit. Amanda observa le contenu du coffre et nota qu'il y a beaucoup de nouvelles choses dedans. Elle se releva satisfaite et déclara à sa tante que la pêche serait bonne cette année. Surprise, la tante ne demanda pas d'explications à Amanda. Elle savait que sa nièce répétait les propos tenus par son mari. Elle se contenta de lui sourire et elles sortirent pour se rendre à l'école. Elle réintégra la classe juste à temps pour chanter avec les autres : « Moi le gentil dauphin, je n'y suis pour rien, pourquoi tout ce tracas, ce cinéma… » Amanda adorait cette chanson et la journée passa vite.

Dès le lendemain, Amanda résista à cette envie soudaine de dormir. Elle suivit les conseils de sa tante à savoir qu'elle devait faire plus d'efforts pour comprendre en classe. Des nuages semblaient envahir ses paupières. Elle combattit. Elle se redressa à plusieurs reprises et elle tint bon. Puis elle s'effondra. Sa tête plongea directement sur son pupitre résonnant dans toute la classe.

Amanda ouvrit les paupières et constata qu'elle était dans son lit. Elle se demanda ce qu'elle faisait là. La maison était calme. Elle entendait les explications de sa mère au téléphone. Ses souvenirs lui revinrent tranquillement. Elle avait été emmenée à l'infirmerie de l'école après sa chute sur son pupitre. La directrice et l'infirmière lui avaient posé plusieurs questions et elles l'avaient aussi examiné constatant d'énormes bleus sur son corps surtout au niveau du dos et du ventre. Amanda n'avait pas donné d'explications concernant l'origine de ses blessures se contentant de dire qu'elle était très fatiguée. Sa mère était au téléphone et tentait de justifier la situation.

— Vous savez que ma fille n'est pas forte, elle ne l'a jamais été...

— Ça n'explique pas ses bleus madame Grondin.

— C'est parce qu'elle tombe tout le temps partout! Elle s'enfarge dans ses propres pieds! C'est l'enfant la plus maladroite que j'ai...

— Elle n'est pas comme ça à l'école. Pas aussi pire que vous le dites en tout cas...Est-ce que votre mari bât votre fille?

— Bien vous savez, je ne peux pas toujours être là pour tout voir, mais des fois il la chicane parce qu'elle pisse au lit...

— Vous devez aller voir le Docteur Bachand le plus rapidement possible.

— Je vais en parler à mon mari...

— Madame! Vous allez prendre rendez-vous avec le docteur dès maintenant... Vous en parlerez ensuite avec votre mari si vous le voulez! On va vérifier si vous l'avez fait et si vous ne le faites pas, on va avertir la police...

— Ne faites pas ça je vous en supplie, ça va être pire!

La directrice en colère avait raccroché. Denise alla parler à sa fille qui était couchée.

Amanda retrouva la douceur du regard de sa mère. Cela faisait déjà trop longtemps et elle avait presque oublié à quel sa mère pouvait être aussi belle et douce.

— Qu'est-ce que je vais faire avec toi, veux-tu bien me dire…

— Maman, je m'excuse...

— Il faut que tu arrêtes de faire pipi au lit, t'es plus un bébé me semble? T'as six ans, tu vas à l'école…

— Je m'excuse, je le ferai plus…

— Tu le fais-tu exprès?

— Non, je te jure.

— Comment je vais dire ça à ton père? La directrice de l'école veut que tu ailles voir le docteur; quand ton père va savoir ça…

— Ne pleure pas Maman!

— Ha ma p'tite fille, qu'est ce qu'on va faire?

— Je ne dirai rien au docteur c'est juré, j'vais être une bonne p'tite fille comme tu veux…

— Si tu dis quelque chose, tu sais ce qui t'attend hein?

— Oui Maman…

— Bon, pour le moment je peux juste faire en sorte que tu n'aies pas de bleus quand tu vas aller voir le Docteur, je vais te faire des compresses.

— Maman… Est-ce que Toutoune a eu ses bébés?

— Comment peux-tu penser à Toutoune dans un moment pareil? Tu te rends pas compte? …Oui elle les a eus dans le poulailler…

— Est-ce que je peux aller les voir?

— Non tu ne peux pas. Pas aujourd'hui en tout cas; une autre fois, là, pour le moment, il faut t'organiser ça et ensuite tu te reposes. Tu vas rester au lit jusqu'à tant que tu ailles mieux; j'espère que ça va être avant d'aller voir le docteur…

— Oui Maman.

Après une brève, mais intense colère, le père n'eut pas le choix de se soumettre à la situation, il ne pouvait pas s'en prendre à Amanda. Sa femme lui avait expliqué ce qui s'était passé et il était presque violet de rage.

— Y en a pas un tabarnac qui va venir me dire comment élever mes enfants!

— Si tu la bats, c'est sûr qu'elle va avoir des marques pour son rendez-vous…Pis je te jure qu'elle n'a rien dit à l'école…

— C'est bien mieux pour elle…Cette enfant-là est un vrai paquet de troubles.

— Il faut que tu arrêtes d'y toucher…

Amanda rencontra le médecin comme prévu, mais avec son père seulement. Sa mère n'y était pas. Comme elle l'avait promis à sa mère, elle ne dit rien, expliquant qu'elle s'enfargeait partout et qu'elle était maladroite. Après un examen sommaire, le docteur constata les traces de bleus datant de quelques jours déjà et conclut également que Amanda avait des faiblesses reliées à l'anémie. Il recommanda au père de se procurer des vitamines pour son enfant et de lui faire manger des aliments riches en fer. Il informa le père que des radiographies étaient nécessaires et qu'il le contacterait sous peu à cette fin. Amanda avait aussi besoin d'au moins une semaine de repos. Le père répondait affirmativement à toutes les demandes, mais savait très bien qu'il n'en serait jamais ainsi. Nul ne viendrait troubler son règne. Même lorsque le Docteur lui avait annoncé qu'il demanderait l'aide de la police si nécessaire, il savait qu'il garderait le contrôle. Il y aurait bien une enfant qui irait passer ces foutues radiographies, mais ce ne serait jamais Amanda.

Sur le coup, probablement pour rassurer sa fille et la remettre en confiance, il l'emmena à la cantine préférée de tous au village, « La Reine de la Patate ». Amanda se méfiait; elle ne croyait pas un instant que cet homme qui était son père pouvait se préoccuper soudainement de son sort. Elle ne montrait aucune affection pour lui depuis déjà longtemps. Le père tenta un rapprochement, mais en vain. Le fossé est déjà trop creux. Jamais elle n'oublierait la douleur de chaque volée qu'elle avait reçue jusqu'ici. Son cœur de petite fille s'était transformé en pierre rude et froide. Elle restait intraitable. Elle était peut-être soumise, mais elle imaginait toute sorte de scénarios dans lesquels il mourrait ou disparaissait.

— Le docteur veut que tu restes à la maison quelque temps, tu n'iras pas à l'école.

— C'est bien de valeur le père…Je vais m'ennuyer de ma maîtresse…

Elle profita un peu de ce répit pour reprendre des forces et recommença à jouer doucement dehors. Les petits chiots que Toutoune avait eus étaient un peu plus gros et elle les aimait profondément. Sa mère lui avait conseillé de ne pas s'attacher à eux puisqu'ils devraient bientôt partir dans d'autres familles. Une chienne était suffisante disait-elle, mais Amanda trimballait les bébés dans son chandail. Ils étaient quatre et bougeaient vivement. Constatant que son chandail s'étirait beaucoup trop, Amanda déposa les petits chiens sur la terre chaude et ils commencèrent à s'en aller de part et d'autre. Amanda s'esclaffa à la vue de ces petits fugueurs et avait maintenant de la difficulté à les rapatrier. Lorsque sa mère l'appela pour le souper, elle n'avait pas réussi à tous les ramener dans le poulailler, il en manquait un. Il se cachait sous la galerie en bois qui menait à la corde à linge. Elle décida qu'elle reviendrait le chercher après le souper. Elle informa sa mère qu'il manquait un chien et celle-ci la réprimanda, car elle n'était pas autorisée à les sortir du poulailler. La mère lui interdit de retourner le chercher, ce serait son mari qui s'en chargerait. Amanda eut un mauvais pressentiment et ses entrailles se tordirent. Après le souper, Roger fit monter Claude, Amanda et Caroline dans l'auto. Il était question de faire un tour et aussi question des chiens. Amanda persuadée que son père avait trouvé des familles pour les chiots se promit un droit de regard dans la sélection de ces familles. Il n'était pas question de les laisser à n'importe qui. Elle déchanta rapidement lorsqu'elle vit son père avec un sac à poubelle dans les mains. Son petit cœur se déchira. Elle devinait la forme de ses chiots qui gigotaient dans le fond du sac. Les chiots hurlaient de sons stridents. Tout se passa extrêmement vite. Le père fixa le sac avec du ruban gommé au tuyau d'échappement de l'auto et vint s'installer au volant du véhicule. Il appuya sur l'accélérateur rinçant le moteur à fond. Il observa Amanda dans le rétroviseur. Elle comprit le message. Si elle parlait de quoi que ce soit, elle finirait comme eux dans le fond d'un sac attaché à un boyau d'échappement. Le message était le même pour Caroline et Claude. La terreur régnait. Amanda ne pouvait rien pour ses chiots et elle était incapable de pleurer figée par la peur. Elle se contenta de fixer son père et se jura qu'un jour elle le tuerait. Un vent de violence envahit son cœur d'enfant. La violence commençait à l'habiter. Une partie d'elle lui dictait de rester soumise et d'espérer une vie meilleure. L'autre partie lui ordonnait de lui faire mal, de le faire souffrir, de l'emmener tranquillement vers l'agonie, par vengeance pour toute la souffrance qu'il avait fait subir à sa mère, ses frères, ses sœurs et elle-même. Sans s'en rendre compte, Amanda dirigeait ses pensées, ses émotions et ses désirs dans la même direction que celui qu'elle déteste tant.

La violence engendre la violence, de père en fille. C'est un héritage inévitable. Tout le long du trajet vers le dépotoir, Amanda sentait l'odeur du sac que son père avait mis dans le coffre arrière. Cette odeur la poursuit encore aujourd'hui.

CAHIER 6

1973. Amanda avait été malade une partie de la nuit. Elle ne pouvait pas aller à l'école. Amanda était studieuse et aimait cette deuxième année scolaire. Sa mère décida de la garder à la maison. Amanda fouillait dans ses tiroirs à la recherche d'un sous-vêtement. Elle fouillait et fouillait encore. Aucune petite culotte à l'horizon. Elle décida que ce serait mieux ainsi puisqu'elle devait aller à la toilette en toute vitesse à tout bout de champ. Elle se disait que ce serait plus rapide si elle enfilait seulement son pantalon court. Sa mère lui fit boire de l'eau de riz et lui demanda d'aller s'installer devant le téléviseur dans le salon. Elle s'exécuta immédiatement. Elle écoutait les « Chibouquis», une émission qu'elle écoutait également à l'école. Elle était assise en indien sur le plancher depuis un peu plus d'un quart d'heure lorsqu'elle sentit une main l'empoigner par-derrière. C'était son père. Il la bousculait, il riait et voulait soi-disant jouer. Elle refusa. Elle ne voulait pas et ne pouvait pas jouer. Elle voulait rester tranquille à écouter la télévision. Elle le repoussa lui expliquant qu'elle avait mal au ventre et mal au cœur. Il ne voulut rien entendre. Il l'empoigna par les chevilles et se mit à la balancer de gauche à droite comme une vadrouille tout en la soulevant. Elle se mit à pleurer et lui demanda de la reposer par terre. Il la traîna sur le plancher en lui écartant les jambes si fort qu'elle sentit une douleur vive aux aines. Il s'amusait à regarder entre ses cuisses en simulant un jeu naïf. Elle n'avait plus de force pour se fermer les jambes. Elle avait trop mal. Elle sentait sa nuque balayer le plancher se cognant sur le plancher à chaque fois qu'il la redescendait. Puis sa tête frappa le plancher de plein fouet. Il l'avait soulevée et laissée tomber sèchement par terre. Elle était étourdie et voyait un voile noir. Elle cria le plus fort qu'elle le pouvait convaincue que sa mère entendrait et qu'elle viendrait à sa rescousse. Elle arriva enfin, un linge à vaisselle dans les mains.

— Qu'est-ce qui se passe? Comment ça qu'elle crie de même!

— Rien…Une vraie braillarde, elle n'est même pas capable de se tenir, en plus, elle n'a même pas de petite culotte, regarde…

Amanda n'eut pas le temps de s'exprimer. Déjà essoufflée par l'altercation qu'elle venait d'avoir avec son père et les efforts qu'elle a dû faire pour crier, elle était maintenant époumonée et avait le cœur sur les lèvres se retenant de toutes ses forces pour ne pas être malade une fois de plus. Elle était incapable d'expliquer à sa mère ce qui venait de se passer. Puis Amanda sentit une douleur intense au cuir chevelu qui était maintenant sous l'emprise de la poigne de sa mère. Celle-ci la traîna par les cheveux jusqu'à la salle de bain.

— Ma p'tite tabarnac! Je te jure que tu ne feras pas comme ta tante Marie…

Amanda se retrouva sur le plancher entre le siège de toilette et le mur. Impossible de s'échapper, elle encaissa tous les coups. Sa mère s'acharnait sur elle à coups de pied et elle ne pouvait que se protéger la tête avec les bras. Elle sentit les coups transpercer son corps et rapidement elle devint tout engourdie. Amanda ne sut jamais ce qu'avait fait sa tante Marie, mais elle avait dû faire quelque chose de terrible pour nourrir une telle colère dans le cœur de sa mère. Peut-être que sa tante Marie était une bâtarde elle aussi… Qui sait…Tout comme les chiots et elle-même. Amanda n'eut plus jamais de mère. Aucune tendresse, aucun geste maternel, plus rien, le vide. Amanda ne savait pas encore à quel point cet événement transformerait toute sa vie. Pour le moment elle se contentait de mettre une barrière entre sa mère et elle. C'était le seul moyen qu'elle avait trouvé de se protéger de la cruauté de celle-ci, être le plus invisible possible, disparaître et n'être qu'une ombre.

Curieuse de voir le nouveau bébé arriver à la maison, Amanda qui aurait bientôt sept ans s'était perchée à la fenêtre de sa chambre et attendait patiemment l'arrivée de l'auto familiale. Elle ne fût pas déçue. Il était magnifique. Un beau gros garçon. Il devint rapidement la coqueluche de tous. Amanda s'accrochait à lui. Sa présence lui faisait du bien. C'était un enfant rempli de bonheur. Dès sa naissance, il avait été une source de joie pour la famille. Il était un soleil sur deux pattes, deux petites pattes très solides qui ne demandaient qu'à découvrir le monde. Les plus vieux étant assez responsables pour en prendre soin, cela allégeait amplement la besogne de la mère. Le petit ne demandait pas mieux ayant plusieurs personnes pour s'occuper de lui. Il n'était jamais seul. Ce qu'il préférait le plus était lorsque les plus vieux l'installaient sur un vieux matelas par terre, l'enfant ne marchait pas encore qu' ils le tenaient par-dessous les bras et lui faisait faire de la boxe. L'enfant criait « Moi battre toi! » et puis il se laissait tomber sur le dos et se roulait en fendant l'air avec ses cris de joie. Tout cela faisait un bien énorme à Amanda. Elle en oubliait tous ses soucis et n'avait d'yeux que pour ce petit frère costaud. Même si la dure réalité la rattrapait tous les jours, elle pouvait au moins s'offrir quelques heures de bonheur avec ce petit frère qui grandissait à vue d'œil.

1974. Amanda ne pouvait plus compter ni même espérer l'aide de sa mère et ce, Roger le savait bien. C'est ainsi que lorsque celle-ci se prépara pour la douche, elle sursauta en se relevant. Elle constata que son père la regardait dans le miroir et elle se recula abruptement. Elle s'appuya sur la laveuse, elle tremblait. Elle mit quelques secondes à comprendre. Roger avait ordonné de laisser la porte de la salle de bain entrouverte pour soi-disant faire évacuer la buée au moment de la douche. Le poêle à bois étant juste à côté de la porte de la salle de bain, il avait trouvé le moyen de voir sans que cela paraisse. Il ouvrait la porte du réchaud et y installait un miroir sur pied qu'il inclinait légèrement jusqu'à avoir dans son champ de vision le miroir de la salle de bain. Ainsi lorsque Amanda était debout devant la douche, elle se retrouvait directement dans le miroir que regardait son père. Amanda comprit rapidement que si elle le voyait ainsi dans le reflet du miroir, il en était de même pour lui sur elle. Amanda entra dans la douche par-dessous le rideau de plastique ayant pris soin de mettre sa serviette par terre au préalable au cas où l'eau ferait un dégât. Elle se lava distraitement et rapidement. Elle se sentait terriblement seule et n'avait personne à qui se confier. Elle ne pouvait surtout pas en parler à sa mère, elle ne la croirait pas et elle ne viendrait certainement pas à sa rescousse non plus. Amanda voyait et revoyait le truchement des miroirs dans sa tête et elle croyait avoir compris le stratagème. Elle ressortit de la douche de la même manière qu'elle y était entrée et se demanda depuis combien de temps il faisait cela. Elle se sentait sale même si elle sortait de la douche. Juste l'idée qu'il ait pu la regarder ainsi dans son intimité la faisait sentir très mal. Elle décida de ne rien laisser paraître, elle voulait vérifier des choses avant. Lorsqu'elle sortit de la salle de bain, il n'était plus près du poêle à bois. Il était dans le garage, le réchaud était fermé et le miroir était retourné à sa place soit sur le congélateur de la cuisinette. Amanda s'installa à la table. Elle prit un crayon et fit un « Z » sur un bout de papier avec des points un peu plus prononcés aux extrémités de chaque ligne. Elle commença avec un point qui la représentait et alla ensuite vers la droite et s'arrêta pour faire un autre point, celui du miroir de la salle de bain, elle fit ensuite descendre son crayon en biais vers le bas et légèrement vers la gauche, elle s'arrêta à mi-chemin et fit une petite ligne fine, c'était la porte de la salle de bain lorsqu'elle est ouverte; elle continue l'autre moitié du chemin et arriva au point qui correspondait au miroir sur le réchaud, puis, elle termina vers la droite ce qui correspondait à son père. Elle n'avait plus de doutes lorsqu'elle confirma le tout en l'absence du père et qu'elle avait vérifié elle-même son plan.

Ce manège dura plusieurs mois. Amanda trouvait toujours une solution pour ne pas se faire voir et pour ne pas le provoquer non plus. Elle ne voulait pas que son père la regarde ainsi, mais elle ne voulait pas non plus qu'il sache qu'elle le savait. Elle était devenue celle qu'on entend plus et qu'on ne voit plus. Elle était la plus tranquille, la plus douce et personne se rendait compte du volcan qui se formait tranquillement dans les profondeurs de son être. Elle était devenue rusée et usait toujours de nouvelles façons pour ne pas éveiller les soupçons tout en protégeant son intimité.

CAHIER 7

Amanda était sur le point d'avoir ses huit ans. Elle était timide et silencieuse, mais ce n'était qu'en surface. Son cœur bouillait et elle ne cessait de rêver au jour où elle partirait de Danville. Elle s'en irait très loin, le plus loin possible, là où personne ne saurait d'où elle venait. Elle partirait probablement par le train, fermerait les yeux et s'endormirait. Puis elle se réveillerait dans un endroit inconnu et elle se bâtirait une nouvelle vie. Ses rêves la nourrissaient et cela lui permettait de rester en vie. Elle pourrait écrire des pièces de théâtre comme elle en avait vu à la télévision. Elle jouerait aussi probablement du violon. Elle pourrait aussi faire de belles robes pour sa chanteuse préférée, Nathalie Simard. Cette jeune chanteuse serait sûrement sa meilleure cliente. Amanda avait dessiné une boutique de robes sur la terre avec une branche et maintenant elle s'imaginait en train de vendre une robe à Nathalie. Elle s'exclamait de vive voix que c'était sa plus belle robe, que le tissu venait d'un autre pays et que personne d'autre qu'elle ne pouvait porter une aussi belle chose. Nathalie, satisfaite donnait de l'argent à Amanda pour la robe et Amanda pouvait maintenant s'acheter une machine à écrire

Il y avait aussi les beaux jours durant lesquels Amanda n'était pas obligée de se réfugier dans ses rêves pour survivre comme ce matin où sa mère s'adressa à elle avec calme et sérénité, cela ressemblait presque à de l'amour maternel.

— Amanda?

— Oui Maman!

— Je t'ai mis une robe sur le dossier de la chaise là… Va enfiler ça.

— Une robe!… Hein!… Pis tu fais un gâteau au chocolat? C'est-tu une fête? On est-tu Pâques?

— C'est spécial aujourd'hui, tu peux licher les batteurs du gâteau si tu veux et ensuite tu te laves comme il faut, tu enfiles ta robe et tâche de pas trop te salir.

Amanda se demanda ce qu'il y avait de si spécial pour avoir droit à tant d'égards. Après avoir suivi les consignes de sa mère, elle marcha un peu partout autour de la maison puis s'installa assise sur une vieille couverture sur le bord du fossé. Elle voulait voir les motos passer lorsqu'elles descendraient la grande côte. Elles devraient ralentir pour tourner sur le Chemin du Lac Perkins et c'est à cet instant précis qu'elle pourrait les admirer. C'était ainsi toutes les fins de semaine de l'été. Il pouvait parfois passer plusieurs centaines de motos toutes aussi rutilantes et impressionnantes les unes que les autres et Amanda finissait par abandonner de les compter. Il arrivait aussi qu'elle préfère fermer les yeux, car il y avait de très jolies dames sur les motos qui étaient nues. Amanda avait les mains sur les yeux lorsqu'elle entendit le klaxon du camion de son parrain. Folle de joie, elle sauta sur ses pieds et se lança dans l'entrée de cour. Lorsqu'il sortit de son véhicule, elle s'envola si vite, que son parrain dû l'attraper au passage, il la serra très fort contre lui.

— Parrain!

— Allô ma belle Manda!... Montre-moi ça ces beaux yeux-là... Fiou! Ils sont encore verts...

— Montre-moi les tiens, Parrain! Fiou! Toi aussi!

— Alors tant qu'on aura les yeux la même couleur, je serai ton parrain...D'accord?

— Oui!Pour toujours!

— Est-ce que tes boucles d'oreilles te font mal?...

— Non, ça va.

— Tu les nettoies comme il faut comme te l'a montré la Madame à la bijouterie?

— Oui mon p'tit parrain d'amour!

— Ho! Ça fait longtemps qu'on ne m'a pas dit que j'étais petit! Continue à bien en prendre soin et quand tu seras plus grande, je vais t'acheter de beaux anneaux pour remplacer ça... Ta mère est dans la cuisine?

— Oui, le gâteau est cuit, d'après moi elle va mettre du crémage dessus parce qu'elle l'a sorti sur la galerie tantôt...

— Ta mère fait les meilleurs gâteaux hein?

— Oui c'est vrai surtout quand ils sont au chocolat.

— Peut-être que tu vas avoir le droit de choisir la couleur du crémage vu que c'est ta fête...

— Ma fête!? Ce n'est pas ma fête Parrain!

— On va faire semblant que c'est aujourd'hui, c'est ta mère qui a arrangé ça de même...

— Hein? Pourquoi?

— C'était la fête à Caroline le trois et toi ce sera le quatorze, vu qu'on est entre les deux, c'est la fin de semaine et qu'il fait beau, c'est l'idéal pour vous fêter toutes les deux...

— Parrain? Hum... Est-ce que ça te dérangerait d'être le parrain à Caroline aussi? Juste pour aujourd'hui en tout cas?

— Comment ça?

— Je ne pense pas que ma tante Marie et mon oncle Tino viennent... Depuis la chicane qu'on ne les a pas vus...

— Ça ne s'est pas arrangé hein?

— Non pis Caroline va pleurer, tu comprends?

— Oui, mais je ne crois pas que ce soit une bonne idée de lui faire croire que je suis son parrain, mais on peut peut-être lui donner un p'tit cadeau à elle aussi par exemple...

— Un cadeau! Ça veut-tu dire que tu m'as apporté un cadeau?

— Pas tout à fait, il faut que j'aille le chercher tantôt. Je vais trouver quelque chose pour ta p'tite sœur en même temps...Ça marche?

— Oui Parrain...Je t'adore!

Amanda tenait sa petite sœur par la main sur le bord du chemin lui expliquant qu'elles devaient attendre le retour du parrain chéri. Amanda reconnut le camion au loin et le regardait s'approcher puis se stationner dans la cour. Elle s'exclama lorsque celui-ci ouvrit le panneau arrière du véhicule et qu'elle aperçut les poignées d'une bicyclette bleue. Plus rien d'autre n'existait, il s'agissait d'un magnifique vélo de marque CCM bleu et blanc avec des garde-boues, un panier avant ainsi qu'une lumière Dynamo. Elle n'en revenait pas, elle tremblait, car elle savait qu'elle aurait à apprendre à monter cette bicyclette et elle était impressionnée par la hauteur. Ce n'était pas une bicyclette pour les bébés se disait-elle. Cette journée fut magnifique. Sa petite sœur n'avait pas pleuré et elle était comblée de bonheur. Elle n'avait pas eu connaissance de la fin conflictuelle de cette journée s'étant endormie en rêvant à sa nouvelle bicyclette. Le tout s'était produit pendant son sommeil.

— Ah! C'est vraiment du beau denim ça!

— Regarde, j'ai commencé un ensemble de travail pour Roger avec ça.

— C'est toi qui as cousu ça? Je savais que tu savais coudre, mais de là à faire des chemises et pantalons de travail…Hé bien! Tu es pas mal bonne, ma p'tite sœur… Penses-tu que tu pourrais me faire une belle chemise avec ce denim là? Je te paierais bien en plus.

— Je ne suis pas inquiète pour ça Pierre, je te fais confiance pour l'argent tu sais bien. Je peux te faire ça en quelques jours si tu veux?

— Bien, ça me donnera encore une bonne raison pour venir voir ma filleule.

Denise avait remis la pile de denim qu'elle avait sorti des armoires au-dessus de la laveuse et Pierre venait tout juste de lui remettre de l'argent en guise d'avance lorsque Roger arriva brutalement dans la salle de bain.

— C'est quoi ton problème? Tu arrives, tu fais ton frais chié avec tes beaux cadeaux pis là tu veux que « Ma femme » t'habille avec « Mon denim »?

— Ben voyons Roger, ne prends pas ça de même! On a assez de tissu pour habiller la famille au complet, en plus, regarde, il m'a payée d'avance…

Denise acheva à peine sa phrase que son mari lui arracha l'argent des mains, la brandissant devant le visage de son beau-frère.

— Tu lui donnes de l'argent en cachette? As-tu peur que je ne sois pas capable de la faire vivre? Tu veux le denim… Parfait, tiens! Prends tout pis efface!

Roger reprit les piles de denim dans l'armoire et les lança à son beau-frère. Pierre décida de ne pas mettre d'huile sur le feu. Il embrassa tendrement sa sœur l'avisant qu'il ne reviendrait pas de sitôt, mais que sa décision n'avait rien à voir avec elle. Il alla embrasser Amanda dans son lit et quitta Danville. Il n'y remit jamais les pieds, tout comme sa mère l'avait fait plusieurs mois auparavant et tout comme sa sœur l'avait également fait il y avait quelques mois à peine. Roger éloignait de plus en plus sa belle-famille. Amanda devra attendre d'être grande pour revoir enfin son parrain qu'elle adorait tant.

CAHIER 8

Le corps coupé en deux par la douleur Amanda répéta encore une fois à sa mère qu'elle avait mal au ventre, qu'elle était étourdie et qu'elle avait mal au cœur. Sa mère lui demanda de patienter encore croyant qu'elle avait simplement envie d'aller aux toilettes.

— Ce n'est pas un mal comme ça Maman! C'est un autre mal!

— Qu'est-ce que tu veux que je fasse? On a dépassé les toilettes de l'autoroute, va falloir que t'attendes qu'on soit rendus à la maison! Je t'avais dit d'aller pisser avant qu'on rembarque aussi!

— Je te dis que je n'ai pas envie...E.

Amanda s'était impatientée et avait sèchement mis l'accent sur le « e » à la fin de sa phrase. Jamais Amanda n'avait ce genre de comportement si bien que sa mère finit par se douter que quelque chose n'allait pas. Ses frères et sœurs se turent immédiatement et restèrent immobiles devant un tel revirement de leur sœur. Personne ne l'avait déjà entendu parler comme cela et la mère s'adressa à son mari.

— Combien de temps nous reste-t-il, à peu près?

— Là ciboire... En arrière... Ça va faire! Crisse de chialage! N'attendez pas que j'arrête sur le bord! Pis toi, tu ne peux pas te retenir un peu? Je suis certain que tu as mangé du fromage comme une truie, c'est pour ça que tu as mal au ventre, endure!

Amanda savait qu'il n'y a rien à faire, son père était un crétin de nature et il était inutile de lui dire qu'elle n'avait pas mangé de fromage, elle préféra se taire et pleurer en silence. La famille arriva à la maison vingt minutes plus tard.

— Bon enfin! On est rendu! Amanda, débarque! Va aux toilettes tout de suite!

— Oui Maman.

Amanda s'empressa d'aller aux toilettes même si elle savait qu'elle n'avait pas envie. Elle faillit faire une syncope lorsqu'elle aperçut le fond de sa petite culotte inondée de sang. La douleur était insoutenable. Persuadée qu'elle était en train de mourir, elle réussit à appeler sa mère après maintes tentatives. Sa petite voix douce parvint enfin jusqu'à sa mère dans la cuisine. Celle-ci entra dans la salle de bain et faillit faire une syncope à son tour. Elle lâcha un cri à fendre l'âme et sortit de la salle de bain comme un train à la vapeur. Terrorisée par la réaction de sa mère, Amanda était maintenant convaincue que ses jours étaient comptés. Parmi le brouhaha de la maison et la porte de la salle de bain étant restée entrouverte, Amanda entendit des bribes de la conversation entre ses parents.

— Tu ne devineras jamais... Amanda est une grande fille!

Roger s'étouffa avec son morceau de fromage en entendant ces mots. Amanda se réjouit de l'entendre s'étouffer ainsi, c'était sa punition pour l'avoir humiliée dans le camion. À moitié rassurée de ce qu'elle entendait, elle regarda à nouveau son fond de culotte étonnée, mais moins hystérique.

— Ben voyons! Ça ne se peut pas! Elle vient juste d'avoir neuf ans!

— Ça se peut, c'est rare, mais ça se peut...C'est toute une surprise ça hein? Tu l'as encore engueulée pour rien; j'espère au moins qu'à l'avenir tu vas être plus doux avec elle. Une jeune fille indisposée, tu ne touches pas à ça, tu m'as-tu comprise Roger Grondin? C'est fini! Tu n'y touches plus!

Denise installa sa fille confortablement et Ginette vient lui expliquer ce dont elle aurait désormais à faire face chaque mois. Elle lui expliqua absolument tout aidée d'une encyclopédie.

Ginette en profita pour dédramatiser la réaction de la mère expliquant à Amanda qu'elle avait pris tout le monde par surprise et que ce devait être elle la première à avoir ses règles. Amanda demanda à sa sœur comment il se faisait-il qu'elle soit toujours au courant de tout alors qu'elle, était totalement laissée dans l'ignorance. Ginette évita le sujet en disant seulement qu'elle comprendrait lorsqu'elle serait grande. Amanda insista et Ginette rétorqua avec un pincement des lèvres qu'elle sait toutes ces choses, car leur mère lui parle de tout le soir lorsqu'elles écoutent « Les Bergers », un téléroman pour les grandes personnes. Amanda était triste de constater encore une fois qu'elle n'avait pas droit aux mêmes égards que sa sœur aînée.

— Quand je vais être grande, je vais-tu pouvoir l'écouter avec vous autres « Les Bergers »?

— Je ne pense pas Manda…

— Comment ça!

— Même si tu grandis, on va tout le temps avoir deux ans de différence pis je vais toujours pouvoir faire des affaires que toi tu ne pourras pas.

— C'est bien plate ça!

Roger se plia aux ordres de sa femme et à chaque fois que Amanda avait ses règles, celui-ci la laissait tranquille ce qui diminuait grandement la fréquence des sévices. Amanda comprit rapidement et mit un petit manège au point. Elle n'avait qu'à déplacer la boîte de serviettes pour faire naître un doute chez son père, automatiquement il ne lui touchait pas.

Mai 1978, c'était l'anniversaire de naissance de Marie la sœur de Denise et cela se passait dans leur petite maison à Chambly sur la rue Martin. Marie et Guy habitaient cette maisonnette depuis maintenant onze ans et c'était la première fois que tous se revoyaient depuis la grosse dispute lorsque Guy avait tenté d'intervenir pour secourir sa belle-sœur. La tension était assez élevée dans la maison et tous se réfugiaient dans l'alcool tentant d'oublier le passé et de s'amuser un peu. Amanda ne se sentait pas vraiment bien malgré qu'elle était bien contente de voir enfin la famille. Elle prenait des antibiotiques pour une pneumonie depuis environ une semaine, mais son corps ne réussissait pas à combattre le virus. Étant fatiguée, elle demandait maintenant à sa tante si elle pouvait aller dormir dans son lit. Sa tante accepta volontiers et Amanda s'endormit rapidement et profondément. Elle adorait la chambre de sa tante, car il y avait plein de belles choses partout, il y avait des couvertures tricotées moelleuses et chaudes et des décorations faites avec des bâtons de « Popsicle ». Elle s'était endormie paisiblement en regardant toutes ces choses autour d'elle sauf bien entendu le calendrier derrière la porte, tout comme les jolies dames sur les motos, celle-ci était peu vêtue et elle préférait ne pas regarder. Amanda sentit des bras la soulever doucement. Elle ouvrit un œil pour constater que c'était son cousin qui la portait. Elle entendait sa tante demander doucement à son fils de la déposer sur le deuxième fauteuil du salon. La famille avait ouvert les fauteuils en velours ce qui faisait plusieurs lits. Il y avait aussi plusieurs petits matelas de fortune et quelques sacs de couchage. C'était l'heure du coucher et Amanda était transportée par son cousin pour libérer le lit de sa tante. Elle dormirait dans le salon avec les autres. Elle se rendormit aussitôt.

Amanda n'avait aucune idée du temps qu'elle avait dormi. Tout ce qu'elle savait était qu'il y avait quelqu'un à côté d'elle et que ce quelqu'un avait une main dans sa culotte, Amanda ne bougea pas du tout. Elle avait ses règles et elle savait très bien que la main en question rebroussait chemin aussi vite qu'elle était arrivée. Amanda savait exactement de qui il s'agissait, car son odeur de graisse de moteur et de métal le trahissait. Il était reparti. Sûre d'elle, Amanda avait attendu qu'il constate de par lui-même qu'il ne pouvait rien faire sans laisser des traces. Elle entendit quelques voix très basses dans la cuisine puis des ricanements. Sa mère, sa tante et son cousin étaient encore debout et rigolaient ensemble. Elle attendit quelques minutes et se leva pour aller à la salle de bain. C'est à ce moment qu'elle recommença à avoir des étourdissements, elle réussit tout de même à se rendre aux toilettes, mais s'effondra en revenant et s'écrasa sur le plancher juste à l'entrée de la cuisine.

— Ha non! Elle est encore malade! Ça pas d'allure!

— Denise, pourquoi ne l'emmenez-vous pas à l'hôpital, c'est pas normal...

— Encore l'hôpital... Mon grand, va réveiller ton oncle Roger s'il te plait...

— Oui ...

— Moi, je vais aller chercher une débarbouillette d'eau froide.

— Marraine...Je ne trouve pas mon oncle Roger...

— Comment ça! Y est où lui?

— C'est correct la belle-sœur, je m'en occupe, laisse-la en pyjama, on embarque...On va l'emmener à l'hôpital Charles-Lemoyne.

— J'y vais avec vous autres!

— Moi aussi!

— Marie, toi tu vas rester pour t'occuper des autres enfants... OK?

C'est ainsi que Amanda se retrouva dans le taxi de son oncle qui était au volant. Son cousin de treize ans était du côté passager en avant. En arrière il y avait son autre cousin beaucoup plus grand qu'elle. Elle était dans les bras de sa mère, elle pouvait entendre ses battements affolés de son cœur et réalisait que sa mère avait vraiment peur pour elle. Elle ne comprenait pas comment sa mère pouvait parfois la détester autant et parfois l'aimer autant. Pourquoi avait-elle si peur? Quelle différence cela ferait-il qu'elle meure? La réaction de ses cousins lui semblait beaucoup plus normale. Son cousin aîné lui promit un disque Rock si elle guérissait rapidement. L'autre cousin lui promit de ne plus jamais être vilain avec elle. Amanda n'entendait que des bribes des conversations, se promenant entre la conscience et l'inconscience. Denise se mit soudainement à hurler.

— Plus vite Tino! Plus vite!

— Qu'est-ce qui se passe ma tante? Est-ce qu'elle est morte?

— Je l'entends plus respirer... Ho! Mon Dieu!

— On arrive!

— Donne-la-moi ma tante! Tu vas voir que je cours vite!

Amanda avait connaissance de la série de lumières longues et blanches qui défilaient à toute allure au-dessus de sa tête et retombait aussi vite dans l'ombre de l'inconscience. Elle se réveilla six heures plus tard. Elle ouvrit les yeux et constata que son père était à quelques pieds de la civière où elle se trouvait. Elle l'observa, il était mal, le teint verdâtre et regardait constamment en sa direction.

Elle n'avait pas les yeux suffisamment ouverts pour qu'il sache qu'elle était réveillée, mais elle pouvait le regarder aisément. De toute évidence il était mal à l'aise. Amanda savait qu'il avait quelque chose à se reprocher, mais c'était la première fois qu'elle le voyait aussi vulnérable. Il semblait démuni devant la situation. Elle tenta de se déplacer légèrement sur le côté et attira ainsi l'attention de son père. Celui-ci se rapprocha aussitôt de la civière et déballa son sac.

— Manda? Tu es réveillée?

— Euhhh..uiui…

— Force-toi pas pour parler, tu as un tuyau dans la gorge, ils vont te l'enlever tantôt…Manda…Je m'excuse…Plus jamais je ne vais te faire du mal…C'est promis…Je te le jure…Je vais vous acheter une piscine aussi, c'est promis, tu ne diras rien hein?

— Monsieur Grondin?

— Hein…Euh…Oui…

— Elle se réveille vite, c'est une combattante votre fille…

— Euh…Oui…Quand est-ce qu'on peut la ramener?

— Si elle continue à bien récupérer comme cela, vous allez pouvoir bientôt.

— Vers quelle heure Docteur, c'est parce que je travaille demain matin et on a deux bonnes heures de route à faire?

— À ce que je vois sur la feuille d'admission, ce n'est pas vous qui l'avez emmenée ici, c'est votre épouse accompagnée de quelqu'un d'autre, c'est bien ça ?

— Euh…Oui…

— Alors vous n'aurez qu'à faire la même chose pour son retour à la maison. Pour ma part cette enfant ne quittera pas l'hôpital sans mon autorisation écrite. Bon! Maintenant je vais vous demander de quitter la salle, allez vous chercher un café, on doit lui enlever son tube et vérifier ses signes, elle doit ensuite se reposer, vous reviendrez un peu plus tard.

Roger quitta la salle d'observation avec les mêmes craintes que lorsqu'il y était entré. Amanda ne l'avait pas soulagé. Elle avait écouté ce qu'il avait à dire, mais n'avait donné aucun signe sur la direction qu'elle voulait prendre face aux aveux de son père. Elle se souvenait que le personnel de l'hôpital l'avait questionné sur son état physique, mais Amanda ne se souvenait pas des réponses qu'elle avait faites. Elle se souvenait brièvement d'avoir entendu une voix d'homme et des mots tels que médicament, allergie, réaction, délire et pénicilline, mais elle ne comprenait pas le sens de tout cela et ne se souvenait pas non plus de la présence de son père à ce moment précis. Elle sentait par contre qu'elle pourrait peut-être enfin tirer profit de cette situation. Elle devait garder le silence autant envers son père qu'envers le personnel hospitalier. Se confier au médecin ou aux infirmières ne ferait que la mettre dans une position de vulnérabilité face à son bourreau. Sa mère bien qu'au courant depuis belle lurette n'admettrait jamais les faits et irait même jusqu'à condamner sa propre fille si cela pouvait sauver son ménage. Par contre elle pourrait peut-être utiliser cette situation pour lui éviter bien des volées. Elle devait aussi protéger sa jeune sœur, car elle était à peu près certaine que son père aurait besoin d'une nouvelle victime et sa sœur serait parfaite pour ce rôle. Elle devait donc trouver l'équilibre idéal pour se protéger elle-même sans que cela paraisse et sans mettre quelqu'un d'autre dans l'embarras.

Les Cahiers de Manda

CAHIER 9

20 juillet 1978, Denise ordonna à ses enfants de rassembler leurs effets personnels et leur remit des sacs verts. Ils s'exécutèrent sans broncher. La mère était excitée et les enfants semblaient croire qu'il s'agissait d'une activité familiale. Quelques heures plus tard, tous étaient campés dans le salon de l'oncle Adélard le parrain de Ginette. Amanda était très impressionnée. Il habitait dans un énorme carré de brique rouge, mais il n'avait le droit d'aller seulement qu'au deuxième étage le premier étage n'étant pas à lui puisqu'il y avait quelqu'un d'autre qui y habitait. De plus, du salon, on pouvait voir une énorme enseigne illuminée par des tubes fluorescents de couleur rouge et jaune. Amanda n'avait jamais rien vu de pareil, en tout cas, pas d'aussi près. On pouvait même entendre le bruit étrange de l'électricité dans la pancarte. Le soir venu, Denise expliqua aux enfants qu'ils ne retourneraient pas à la maison et elle leur promit que jamais leur père ne retoucherait à un seul de leurs cheveux. Malheureusement, la promesse ne dura que quelques jours. Le père arriva avec des

tonnes de cadeaux pour tous et Denise se mit à pleurer dans les bras de son mari lui disant des mots tendres et tous remontèrent dans la camionnette en direction de Danville. Un semblant de paix régna pendant quelques jours, mais rapidement la violence se réinstalla.

18 août 1978, la tension avait monté depuis déjà plusieurs semaines. Amanda n'était plus seule. Tous dans la famille y passaient. Tous subissaient les affres du terrible père. Seul Eddy le petit dernier était un peu épargné. Il n'avait que six ans et était toujours aussi pimpant de bonheur ne réalisant pas qu'il était entouré de violence. Amanda jouait dehors lorsqu'elle entendit les cris de détresse de sa mère. Ginette était à l'intérieur et criait autant. Claude était au Lac Perkins en train de tondre des pelouses pour quelques dollars. Caroline et Eddy étaient avec Amanda dehors. Amanda entra sans refermer la porte et se dirigea droit vers la chambre à coucher des parents là d'où provenaient les bruits. Ginette empoigna Amanda et lui ordonna sévèrement de fuir en prenant les deux plus jeunes ce qu'elle fit immédiatement. Elle se mit à courir avec son petit frère dans un bras tout en tenant sa sœur cadette par l'autre main, mais Eddy était devenu beaucoup trop lourd pour elle et elle décida de les cacher tous les deux dans le fossé et repartit en direction de la maison. Elle entra de nouveau dans la maison. Le spectacle était effrayant. Sa mère était rouée de coups et gisait pliée en deux sur le pied du lit des parents. Ginette frappait le père dans le dos de toutes ces forces en criant, mais celui-ci la

repoussa plusieurs fois. Amanda terrorisée se mit à hurler. Ginette fût saisie par la présence de sa sœur et se mit à l'engueuler. Amanda expliqua en pleurant que Eddy était trop pesant et qu'il ne courait pas assez vite. Pendant ce temps, le père indigne frappait toujours la mère déjà atterrée. Le cœur brisé, la rage au ventre, Ginette devait laisser momentanément sa mère, car celle-ci lui ordonna de s'enfuir avec ses frères et sœurs. Ginette sortit de la maison avec Amanda en courant et elles tentaient d'aller rejoindre les deux petits cachés dans le fossé. Elles n'eues pas le temps de se rendre bien loin que Ginette disparût soudainement. Amanda se retourna pour constater que le père les avait rattrapées et tenait maintenant Ginette par les tresses en la traînant comme une poche de patates. Ginette se débattait du mieux qu'elle le pouvait, mais en vain. Prise par une rage incontrôlable Amanda courait avec les jambes à son cou. Elle entendit Ginette lui crier « Sauve-toi! Sauve-toi! Va chez le voisin et dis-lui de téléphoner à la police » les consignes de Ginette entrecoupées de pleurs et de cris de douleur fendaient l'âme de Amanda qui avait juste le goût d'aller la rejoindre pour lui venir en aide. Elle tuerait ce père maudit de ses propres mains et tous pourraient enfin vivre en paix, mais elle savait que c'était impossible. Amanda se résigna à s'enfuir en abandonnant sa sœur aînée, geste qu'elle se reprochera toute sa vie. Elle empoigna son frère Eddy et sa sœur Caroline dans le fossé, elle prit son petit frère sous son bras droit comme un sac et ordonna à sa sœur de lui tenir solidement l'autre main en criant : « vite! Il va nous tuer ! »

Cachés derrière la sécheuse du voisin les trois plus jeunes furent ainsi sauvés. Amanda perdit connaissance. Ce n'était pas vraiment une perte de conscience, Amanda ne le savait pas, mais elle souffrait de dissociation, un phénomène qui est associé au choc post-traumatique. Tout ce qu'elle avait vécu, tout ce qu'elle avait vu et enduré, tout ce qu'elle avait souffert jusque-là étaient devenus insupportables. Elle ne serait jamais plus la même. Comme si elle n'était plus dans son corps, son âme avait eu trop peur et avait trop souffert. Un mur se bâtissait tranquillement, mais sûrement entre la réalité et elle-même. Des bouts de sa vie disparurent subitement de sa mémoire, mais pas la souffrance. Quelque chose de terrible commençait à l'habiter, elle le sentait, mais restait incapable de l'identifier. Certains appellent cela la folie.

Amanda était dans une voiture-patrouille et voyait la maison familiale disparaître tranquillement par-derrière. La voiture passa ensuite devant la maison des Brochu. Elle aurait bien aimé dire au revoir à son ami, mais elle ne le pouvait pas étant à moitié déconnectée de la réalité et incapable de demander quoi que se soit. Les images défilaient devant elle comme des photos, des images saccadées et elle n'arrivait plus à faire le lien entre chaque image qu'elle voyait. Elle était maintenant dans un autobus ne sachant même plus comment elle y était montée. Des sacs jonchaient le plancher. L'autoroute arriva. Amanda baissa la tête. Elle ne voulait plus voir et ne voulait surtout pas savoir. Même les larmes ne réussissaient plus à couler.

28 août 1978, Amanda faisait comme les autres et attendait sagement assise sur un divan. Elle était dans une maison d'hébergement pour femmes battues « Le Carrefour pour elle » à Longueuil avec ses sœurs, sa mère et son petit frère. Amanda en voulait aux responsables de la place pour avoir abandonné son frère Claude de onze mois de différence qui était resté à Danville abandonné aux mains du bourreau. Jamais elle ne pardonnerait cela à qui que ce soit, même pas à sa mère. Denise avait beau lui expliquer que c'était les règlements et que la présence d'un garçon de son âge était interdite, rien n'y faisait. Amanda étant même encore plus en colère lorsque les responsables de la place lui avaient expliqué les principes du féminisme. C'était un nouveau mot pour elle et choquée par leur propos elle refusait de rejeter son frère sous le seul prétexte qu'il était un garçon de douze ans. Amanda détestait maintenant les féministes. D'autant plus que depuis plusieurs jours on lui répétait qu'un homme très important viendrait visiter la maison afin d'en comprendre le fonctionnement et d'y apporter son aide financière. Dans les corridors on entendait les mots : premier ministre, argent, gouvernement, argent, Québec, argent, subvention, promesse d'élection, argent, rénovation, et encore le mot argent. Cet homme semblait être le seul qui pouvait apporter l'argent que ces dames voulaient pour leur maison. Amanda se demanda comment on pouvait rejeter tous les hommes pour ensuite leur demander de l'argent.

C'est le cœur rempli de rancune, de questionnement et de crainte que Amanda fit la rencontre de cet être étrange le même jour. La responsable de la maison vint avertir Amanda que c'était à son tour. Amanda se leva donc calmement et entra dans la cuisine. L'homme avait demandé à rencontrer absolument tout le monde. C'était un homme comme cela. Il était aussi généreux de lui-même que généreux dans ses subventions. L'homme en question était assis à la grande table, il ne semblait pas très grand et plutôt mince. Amanda remarqua immédiatement sa coiffure particulière. Une séparation à peine plus haute que l'oreille et une bonne partie de la chevelure ainsi récupérée faisait office de toupet sur le front. Sous des paupières irritées par la fatigue et par le tabac se cachaient des yeux d'un bleu unique. Il avait également le front très plissé. Il devait être quelqu'un de préoccupé pour avoir cet air-là. La douceur de ses gestes était presque paternelle. Seuls un cendrier déjà plein et un paquet de cigarettes de marque «Du Maurier» étaient sur la table. L'homme lui fit signe de s'asseoir sur ces genoux.

— Viens t'asseoir...

— Je suis bien trop grande pour ça ces niaiseries-là!

— Ne te fâche pas... Tu as raison de toute façon, tu es plutôt grande, quel âge as-tu?

— J'ai onze ans.

— Et comment t'appelles-tu?

— Manda. Et vous?

— René. Dis-moi Manda, hum... L'école recommence bientôt...

— Oui pis je m'en vais au secondaire.

— Ho! C'est une étape importante ça!

— Pourquoi tout le monde me dit ça? Je commence à me demander si je devrais y aller!

— Excusez-moi Monsieur le Premier Ministre, je suis la mère d'Amanda, elle ne réalise pas vraiment encore pour le secondaire, avec tout ce qui s'est passé, je n'ai pas pu la préparer

— Monsieur le Premier Ministre? C'est vous qui allez donner de l'argent?

— Amanda...Ça ne se dit pas ces affaires-là!-intervint la mère.

— Non, non, Madame laissez-la faire, je suis heureux de voir une enfant curieuse comme la vôtre. Oui Manda, je suis René Lévesque, premier ministre du Québec et je suis ici pour comprendre vos besoins et décider quel montant vous avez besoin pour fonctionner. Mais j'ai aussi le goût de toutes vous connaître, vous comprendre...

L'homme étrange avait réussi à impressionner Amanda, non pas par son statut, mais par son charisme, entre deux bouffées de cigarettes, il avait réussi à la désamorcer. Maintenant elle s'ouvrait à lui, lui confiant ses rêves et ses espoirs.

— Qu'est-ce que tu veux faire plus tard?

— Je veux écrire.

— Et comment ça va à l'école?

— Je commence à avoir peur avec tout ce qu'on me dit sur le secondaire... Monsieur Lévesque, puisque vous êtes le grand patron de tout, est-ce que vous pouvez aller chercher mon frère?

— Ton frère? Pourquoi? Raconte...

Denise éclata en sanglots en écoutant sa fille raconter de quelle manière elle avait vécu son départ de Danville. L'homme ému pleura lui aussi à chaudes larmes.

— Où est-il votre fils madame?

— Il est en sécurité. La Sûreté du Québec a pris cela en main et je vais le récupérer dès que j'aurai trouvé un appartement ici, à Longueuil... C'est dur de trouver quelque chose avec cinq enfants, vous savez...Mon Dieu, je n'avais pas réalisé à quel point ces deux-là sont attachés un à l'autre...J'aurais aussi bien pu les mettre au monde en même temps que ça n'aurait pas fait aucune différence.

— Vous devriez parler plus souvent avec votre fille, vous savez, elle comprend beaucoup de choses...

— Je vais faire mon possible, je vous le promets, Monsieur Lévesque.

CAHIER 10

1978. Il est tellement facile de ne pas tenir ses promesses, simplement en se laissant gruger par la vie sans réagir. C'est ainsi que Amanda se retrouva dans un cinq et demi sur la rue Marmier à Longueuil avec sa mère, ses frères et ses sœurs.

Amanda avait peur, car elle ne connaissait pas cette ville gigantesque et les gens étaient étranges. Ils ne s'habillaient pas comme à Danville et ils ne parlaient pas de la même manière. Aucun champ à l'horizon à part des terrains envahis par l'herbe à poux. Pour le reste, que de l'asphalte et des maisons géantes qui abritaient une multitude de familles différentes. On entendait d'une fenêtre un couple se disputer, d'une autre fenêtre parvenait des airs de « Grease » un film très populaire et dont les deux acteurs principaux étaient Olivia Newtonjohn et John Travolta. Un peu plus loin dans la rue, une bataille entre adolescents avait éclaté. En face, une famille nombreuse, les Caron. Ça brassait là aussi. Plusieurs d'entre eux s'étaient entassés sur une petite galerie de quelques pieds carrés. La mère n'en pouvait plus et elle pleurait pendant que les enfants étaient turbulents autour d'elle. Le long de la rue et à perte de vue, tous les immeubles étaient identiques. Seuls les numéros de porte changeaient. Amanda avait peur d'oublier ce numéro si précieux qui identifiait dans quelle boîte de brique elle habitait. Elle devait absolument s'en souvenir, 1581,1581,1581, elle se le répétait sans cesse. Si jamais elle se perdait, elle aurait à s'en souvenir pour demander de l'aide. Accaparée par son nouvel environnement, Amanda ne réalisa pas qu'elle était en plein milieu de la rue. Le coup de vent que fit la grosse Corvette jaune la fit tressaillir lorsqu'elle passa à quelques pouces d'elle. Plusieurs jeunes étaient à l'intérieur du véhicule et crièrent à Amanda de se tasser en l'insultant. Amanda leur montra un doigt d'honneur. La Corvette freina brusquement et se mit immédiatement à reculer. Elle avait fait cela si rapidement qu'une fumée noire sortait du dessous. Amanda cria de toutes ses forces : - Grosse Corvette, p'tite quéquette! - et courut à toute vitesse. Elle se cacha derrière le mur de pierres cimentées qui servait d'entrée pour la porte-fenêtre. La Corvette repartit et Amanda décida qu'il était plus sage de rentrer question de laisser la poussière retomber. C'était la première fois qu'elle ripostait ainsi et elle y prit goût.

Premier jour d'école en ville. Amanda entrait au secondaire. Elle rêvait à son avenir et elle croyait qu'elle pourrait étudier à sa guise, simplement, mais ardemment pour devenir ce qu'elle voulait, écrivaine. Elle entra dans la cuisine encore silencieuse. La table était jonchée de restants de la veille. Des cendriers pleins débordaient. Un chandail de travail sale et une boîte d'outils ouverte occupaient le reste de la place sur la table. Amanda reconnut son sac d'école en plein milieu. Elle avait dû s'étirer pour l'atteindre et sa manche de veste de laine traîna dans le cendrier en passant. Elle chercha ensuite le pain et finit par le trouver par-dessus la boîte de pizza vide; il était resté ouvert et Amanda devait maintenant aller plus loin dans le sac pour trouver deux tranches suffisamment fraîches. Elle mit les deux tranches dans le grille-pain et tenta de libérer celui-ci tout autour afin de ne pas mettre le feu. Lorsque Amanda trouva enfin le beurre d'arachide, ses rôties étaient froides, mais cela ne la dérangeait pas trop, du moment qu'elle pouvait manger, c'était déjà ça de gagné. Amanda regarda l'horloge au mur et trouva étrange que sa mère ne se lève pas. Elle ne savait toujours pas où se situait son école ni comment y aller. Sa mère avait remis à maintes reprises le trajet qu'elles devaient faire ensemble au moins une fois et maintenant que ce jour était arrivé il était évident que ce serait compliqué. Elle entra donc doucement dans la chambre de sa mère. Celle-ci était profondément endormie. Amanda trouva presque dommage de la réveiller, mais elle n'avait pas le choix, elle devait se rendre à l'école.

— Moman... Moman...

— Euh... Quoi? Qu'est-ce que... tu veux?

— Il faut que j'aille à l'école, j'ai mangé, mais là je ne sais pas comment y aller.

— Je t'ai laissé une feuille sur la table...Tu ne l'as pas vue?

— La table est pleine de cochonneries Moman...Je n'ai pas vu la feuille...

— Va la chercher pis reviens avec...

— OK...Tiens, elle était tombée à terre.

— Bon...OK...Tu prends l'autobus numéro 72, pis là tu attends de voir ton école.

— Moman...Je n'ai jamais vu mon école, comment je vais faire pour savoir si c'est la bonne?

— Ce n'est pas si compliqué que ça! C'est une grosse bâtisse en brique rouge avec une cour et plein d'élèves...Là, va falloir que tu te déniaises ma p'tite fille...Parlant de ça...Sont où les autres, sont-tu encore couchés?

— Y' a juste moi debout Moman...

— Tabarnac! Tu n'aurais pas pu le dire? Tasse-toi là...Maudit crisse, il faut tout le temps que je fasse tout moi, je suis assez écœurée de tout ça...Je pense que je vais tous vous expédier à Danville, il s'arrangera avec vous autres!

— Moman...C'est parce que je pense que ça prend des sous pour l'autobus...Je pense que c'est dix cents...

— C'est ça sacrament! J'en chie pas de l'argent moi ostie! Crisse de bâtard, je suis sûre qu'il le savait pour le chèque...

— Quel chèque Moman?

— Ton crisse de bâtard de père...Y a pas marqué la bonne date sur le chèque de pension, des fois c'est la date, des fois c'est le montant pis l'autre fois il l'avait écrit en rouge, encore une crisse de fois je suis obligée d'appeler l'avocat pour qu'il arrange ça...Ça fait trois mois que je n'ai pas une crisse de cent pour vous autres...Avec le bien-être social, ce n'est pas assez...Tiens prends ça pis envoie! Y en a au moins une qui va arriver à l'heure!

Amanda prit le dix sous et se dépêcha de sortir avant que les autres se lèvent, car elle savait l'ouragan que cela provoquerait et elle était bien décidée à montrer à sa mère qu'elle pouvait faire la part des choses. Bien sûr elle voulait que sa mère soit fière d'elle et que celle-ci oublie un peu ses malheurs; mais sa première préoccupation était surtout de ne pas retourner à Danville; elle aimait encore mieux rester dans ce taudis de ville et tenter d'aider sa mère. Qui sait peut-être même qu'un jour sa mère finirait par l'aimer?

Dès que Amanda sortit, elle vit plusieurs enfants de tout âge se diriger dans la même direction. Amanda décida donc de les suivre certaine qu'elle se rendrait ainsi au bon arrêt d'autobus. Elle avait eu raison, elle vit l'autobus numéro 72 arriver et y monta avec tous les autres enfants. À chaque coin de rue, plusieurs autres enfants embarquaient un peu comme en campagne à la différence que là d'où elle venait les coins de rue étaient plutôt rares. Amanda était convaincue et fière d'avoir réussi et elle avait très hâte de découvrir sa nouvelle école. Puis quelques enfants commencèrent à débarquer, mais pas tous, Amanda regarda par la fenêtre de l'autobus et ne voyait pas de grosses bâtisses en brique rouge. Elle se demanda comment il se faisait-il que certains enfants débarquassent et pas d'autres. Quelques coins de rue plus loin et d'autres enfants débarquèrent, mais la plupart des autres restèrent une fois de plus dans l'autobus. Amanda réalisa qu'il y avait probablement plusieurs écoles et n'avait aucune idée de laquelle était la sienne. Prise d'anxiété, elle regarda de plus en plus d'enfants débarquer et resta figée. Elle avait peur d'être jugée si elle disait qu'elle ne savait pas où elle allait. Elle risquait de passer pour une demeurée et elle préféra garder le silence et passer inaperçue dans cette foulée. Près d'une demi-heure plus tard, l'autobus se dirigea vers un pont. Amanda détestait les ponts et cela l'angoissait terriblement. Chaque fois qu'elle voyait un pont, elle entendait des grincements de métal résonner dans sa tête comme un douloureux souvenir qui voudrait remonter à la surface, mais qui insiste pour rester à moitié enfoui. Elle savait qu'elle avait raison d'avoir peur, mais ne se souvenait plus pourquoi.

L'autobus débarqua enfin du pont. Amanda savait qu'elle n'était pas au bon endroit. Le chauffeur lui fit signe de s'approcher dans le miroir. Il voyait bien qu'elle était affolée et il tenta de ne pas l'apeurer encore plus.

— Tu vas où de même?

— À ma première journée à l'école.

— Quelle école?

— L'école en brique rouge...

— Ho! Tu viens d'où toi?

— Danville.

— Danville? Dans les Cantons-de-l'Est?

— Oui pis ma mère ne peut pas venir avec moi parce que les autres sont pas encore levés. Ma mère n'a plus de mari pis elle n'a pas d'argent non plus parce que mon père n'a pas signé le chèque pis là il faut que je fasse ma part.

— Oui je comprends sauf que là, ta première journée d'école, tu peux l'oublier, sais-tu où qu'on s'en va de même?

— Non...

— Au métro Papineau!

— C'est quoi ça un métro?

— C'est un train qui se promène en dessous de la terre, dans un tunnel.

— Ha! Il n'y a rien là, je connais ça les trains, mon grand-père travaille là-dessus à Richmond et il m'emmenait souvent...Jusqu'à Vancouver une fois!

— C'est quoi ton adresse? Je pense que tu es perdue.

— 1581.

— 1581 où?

— Hum...

— OK! Regarde bien ce qu'on va faire...Quand on sera rendu à la station Papineau, tu vas rester dans l'autobus et moi je vais aller chercher de l'aide et on va t'aider à retrouver ta maison... OK? Pis si jamais tu te perds encore, tu ne parles pas aux étrangers, OK? Tu demandes de l'aide à quelqu'un qui a un uniforme ou tu vas dans une cabine de téléphone et tu fais 911, tu comprends?

— OK.

Une fois à la station, le chauffeur stationna son engin comme prévu et avertit les gens qui attendaient à l'extérieur de ne pas embarquer tout de suite, ils attendirent calmement et le chauffeur revint immédiatement avec un gardien de sécurité. Celui-ci monta à bord.

— Bonjour! Comme ça, tu es perdue?

— Je pense que oui!

— Connais-tu ton numéro de téléphone?

— Je m'en souviens plus.

— Hum…Je pense qu'il va falloir appeler la police, on n'a pas le choix…

— Mais j'ai un oncle qui fait du taxi à Chambly! Il nous aide tout le temps quand on est mal pris! Il y a aussi mon oncle Adélard qui fait du taxi à Longueuil.

— Ha ça c'est mieux, Chambly c'est un peu loin… On va faire un appel à tous sur notre radio… Si ton oncle est connu, le message va passer plus rapidement.

L'oncle Adélard arriva en quelques minutes et expliqua brièvement la situation familiale de Amanda et donna le numéro de téléphone de Denise au policier qui était arrivé entre-temps. Celui-ci laissa Amanda partir avec son oncle après avoir vérifié auprès de sa mère et Amanda était maintenant bien heureuse de retrouver quelqu'un qu'elle connaissait.

— Passe-moi ton sac d'école ma grande...Tiens regarde ici en haut de la page, c'est le nom de ton école...Le Collège de Longueuil...Tu as même l'adresse et le numéro de téléphone...Ici, sur ta fiche, tu as ton adresse à la maison, le numéro de téléphone et un autre numéro en cas d'urgence, c'est mon numéro, quand tu as des problèmes, c'est ça qu'il faut que tu donnes, ne perds surtout pas cette fiche-là, OK?

— OK!

— Bon je vais aller te mener moi-même à l'école, si tu veux, je vais aller te chercher ce soir, et je ferai le chemin avec toi comme si tu étais en autobus, ça marche?

— Oui mon oncle! Merci.

CAHIER 11

Malgré les efforts déployés, Amanda n'arrivait pas à s'adapter à la vie de ville. La famille ne fonctionnait pas non plus. Elle n'avait pas d'endroit tranquille pour étudier et il y avait toujours de la chicane dans la maison. Denise responsabilisait ses enfants de tout s'obstinant à croire que tout était leur faute. Elle ne voyait pas que ses enfants étaient encore plus perturbés qu'elle. Elle ne voyait pas que chacun d'eux avait vécu leur propre drame parallèlement au sien. Cela faisait seulement quelques mois que Amanda était sortie de son milieu rural et elle pensait constamment à sa campagne, ses amis et son école.

À peine arrivés d'une visite à Danville, Claude, Caroline et Eddy se ruèrent sur Ginette. Amanda n'avait pas été à cette visite, car elle avait mal au ventre et avait préféré rester à Longueuil.

— Moman! C'est-tu vrai que Ginette est juste notre demi-sœur?

— Ouais Moman c'est-tu vrai?

— C'est quoi une demi-sœur Moman?

— Crisse! C'est lui qui vous a dit ça? Ostie de chien sale!

— T'en fais pas Ginette, moi je t'aime pis, tu n'es pas juste une moitié, tu es ma sœur ou tu ne l'es pas, tu ne peux pas l'être juste à moitié.

— Tu as menti, ma p'tite crisse! Toi aussi tu es une Grondin comme les trois autres! Elle, c'est une St-Amant! C'est ta demi-sœur! Ma gang de bâtards, je vais vous domper avec votre père pis moi je vais avoir la paix avec ma fille! Compris? Je me débarrasse de vous autres!

Denise venait de trouver l'argument qui lui manquait pour se débarrasser de ses enfants. Épuisée par la vie, elle démissionnait. Roger avait réussi. Il lui avait bien dit au moment où elle lui avait réclamé une pension pour les enfants qu'il l'aurait à l'usure, il lui avait dit qu'il préférait en avoir la garde plutôt que de payer une pension. Il avait tout fait pour lui nuire et maintenant il obtenait ce qu'il voulait convaincu que cela lui coûterait moins cher ainsi.

Claude et Eddy quittèrent le logement en direction de Danville le vendredi après-midi suivant. Caroline fit de même une semaine plus tard. Amanda était convaincue que ce serait bientôt son tour et commença à se sentir vraiment mal. Il n'était pas question de retourner là-bas et de manger des volées comme auparavant. Son départ n'eut pas lieu et elle en fût soulagée.

Cela faisait seulement trois semaines que ses frères et sa sœur étaient retournés vivre à Danville que Amanda était déchirée entre l'ennui et la crainte. Elle aurait voulu être avec eux à Danville, mais sans subir les affres du père. Elle pleurait souvent, mais en cachette, car si sa mère l'avait vu pleurer ainsi elle aurait aussi bien pu l'envoyer avec les autres.

C'est à la même époque que Ginette cessa d'aller à l'école. Elle restait à la maison avec sa mère. Amanda faisait ce qu'elle pouvait pour réussir son année scolaire. Le logement était un peu plus propre et surtout, sa mère beaucoup plus calme. Amanda ne sut jamais pourquoi sa mère ne l'avait pas envoyée avec les autres. Elle en déduit que ce devait être par amour, beaucoup trop naïve pour réaliser qu'elle était des dollars de plus sur le chèque chaque mois pour payer le loyer et l'électricité.

La complicité entre Denise et sa fille Ginette datant de très loin, il était maintenant tout naturel qu'elle s'accentue encore plus. Depuis sa tendre enfance, Ginette se faisait dire qu'elle était unique et spéciale. Maintenant elle savait que c'était parce qu'elle était une St-Amant et non une Grondin. Amanda était peu à peu tassée, ignorée et oubliée. Elle ne pouvait pas compter sur sa sœur pour se confier celle-ci la rejetant du revers à chaque approche. Ginette voulait sa mère pour elle seule et Amanda était de trop. Tout devint un prétexte pour la blâmer. Amanda se fit quelques amies à l'école, à douze ans, elle voulait s'ouvrir à la vie et malgré ses craintes, elle se lia d'amitié avec deux jeunes filles de son âge.

La professeure de français demanda à Amanda de s'impliquer dans la pièce de théâtre de l'année. Ce serait bon, pour son intégration avait-elle dit. Amanda devient la responsable des accessoires. Elle devait trouver une vieille robe et une paire de lunettes ainsi qu'un « jeans » troué et un t-shirt. En plus d'avoir à trouver les vêtements en question, elle devait également jouer le rôle de la vieille dame dans la pièce. Elle trouva rapidement les vêtements, mais après plusieurs tentatives pour les lunettes, elle décida de prendre les vieilles lunettes de sa sœur Ginette. Elle les enveloppa précieusement dans une serviette à main et elle les cacha dans son sac d'école. La pièce se passa très bien et Amanda était convaincue qu'elle avait bien fait... Ou presque. Elle savait qu'elle aurait dû demander pour les lunettes, mais étant certaine d'essuyer un refus de sa sœur et sa mère, elle avait pris le risque et maintenant elle était contente du résultat. Tous avaient bien aimé le personnage que Amanda avait incarné. Elle remit les lunettes exactement comme le matin, roulées dans la serviette et revint au nouveau logement du boulevard Des-Ormeaux. La fierté de Amanda ne dura pas; dès qu'elle arriva avec son sac, Ginette l'empoigna et le vida brutalement par terre. Elle avait deviné ce qu'avait fait Amanda et elle jetait maintenant sa furie tel que ça lui avait été enseigné par sa mère. Ginette et sa mère ne lâchèrent pas Amanda tant que celle-ci ne s'effondra pas en larmes. C'était vraiment exagéré, mais Amanda savait que ce n'était qu'un prétexte des deux pour lui tomber dessus.

— Tu n'es rien qu'une maudite voleuse pis une menteuse!

— Pas plus que toi!

— Tu parles de quoi là, Ginette n'est pas une voleuse! Alors que toi, tu as ses lunettes dans ton sac!

— Où tu penses qu'elle prend tout son linge et ses bijoux hein? Elle a même essayé de m'entraîner l'autre jour! Elle entre dans les Magasins du centre d'achat, elle prend plein de linge et elle les met tous un par-dessus l'autre dans les cabines d'essayage, au moins trois paires de jeans! Pis des blouses aussi, pis elle vole les bijoux aussi! Elle cache ses vieux souliers en dessous des tablettes pis elle en met des neufs! C'est qui la plus voleuse hein!

— Vas-t-en dans ta chambre, tout de suite!

Amanda obéit immédiatement, de toute façon elle avait dit ce qu'elle avait à dire et était satisfaite. La réaction de sa mère l'avait tout de même un peu surprise. Pourquoi n'avait-elle pas réagi lorsque Amanda lui avait dit que Ginette volait au centre d'achat? Était-elle déjà au courant? Elle sortit de sa chambre tout doucement et avança dans le couloir tout près de la cuisine et écouta la conversation entre sa mère et sa sœur.

— Je te l'avais dit qu'elle s'en apercevrait un moment donné, pourquoi tu as fait ça devant elle?

— Je me suis dit que si elle en volait, elle aussi, elle pourrait ne rien dire et ça en ferait plus à vendre, on ferait plus d'argent.

— Sauf que ça n'a pas marché ton affaire...

— C'est vraiment une nulle, tu aurais dû la voir au magasin, elle était tellement rouge! Il n'y a rien à faire avec elle.

— Il ne faudrait pas qu'elle dise ça à quelqu'un...

— Depuis le temps qu'elle veut ma blouse en satin, je pourrais lui donné, je pourrais lui donné des jeans aussi, pis des bijoux. Toi tu pourrais lui donner la permission d'aller au Palladium...

— Bonne idée, il faut qu'elle soit de notre bord. Amanda, viens s'il te plait!

— Oui Moman.

Amanda fit semblant de ne rien avoir entendu. Elle revint dans la cuisine, prit un air de punition et garda la tête basse. Sa mère lui expliqua qu'elle est maintenant assez vieille et que si elle lui promettait de ne plus voler quoi que ce soit à sa sœur, elle aurait des privilèges. Amanda acquiesça et fit la promesse en question.

Quelques semaines plus tard, Amanda, convaincue qu'elle était assez vieille pour fumer la cigarette comme sa sœur et sa mère, rompit momentanément sa promesse en volant une cigarette à sa sœur. Elle s'installa dans le portique arrière et se prépara à allumer sa première cigarette.

— Qu'est-ce que tu fais là toi!

— Hum...

—Ha ben! Ma maudite! Ça fait combien de temps que tu fumes en cachette?

— Heu... Je n'ai même pas eu le temps de l'allumer...

— Ha ouais... Pis pourquoi tu te caches dans ce cas là?

— Parce que je ne veux pas avoir l'air d'une folle si je m'étouffe! Je ne veux pas que quelqu'un me voie!

— Je ne te crois pas! C'est grave ça, fumer en cachette, comment veux-tu que j'aie confiance en toi là?

— Si c'est si grave que ça, pourquoi fumez-vous vous deux?

— Maudite effrontée! Parle-moi plus jamais de même, rentre tout de suite!

Les privilèges dont avait droit Amanda étaient maintenant finis. Ginette en profita pour recommencer son dénigrement et Amanda n'eut d'autre choix que d'endurer, car elle ne voulait surtout pas retourner à Danville. La situation se dégradait vite à l'école aussi. Amanda perdait des plumes et se battait constamment avec les autres. Elle avait même été jusqu'à assommer une autre fille avec un dictionnaire et elle en avait rentré une autre dans un tableau. Ses notes baissaient à vue d'œil.

Noël arriva. Amanda avait tout fait pour convaincre sa mère de ne pas l'envoyer à Danville. Elle ne voulait pas voir cet homme maudit qui l'avait tant fait souffrir lorsqu'elle était petite. Au-delà de l'ennui de ses frères et de sa sœur, de ses amis, des champs remplis de neige et de l'odeur du poêle à bois, Amanda ne voulait pas y aller. Denise promit à sa fille qu'elle fêterait Noël d'avance avec elle et Ginette, mais qu'elle devrait quand même aller à Danville. C'était l'ordre du tribunal, avait-elle ajouté.

— Je ne veux pas y aller, s'il te plaît!

— Je te l'ai dit l'autre jour, tu n'as pas le choix, c'est ton père qui a demandé ça au tribunal, t'en souviens-tu du tribunal Amanda? À Victoriaville... Tu avais juste à dire ce qu'il t'a fait pis on aurait été correct...

—Je ne m'en souvenais plus!

Amanda mentait à moitié, elle avait de vagues souvenirs du jour d'août 1978 au moment où la famille avait été brisée, mais ce que lui demandait sa mère, de se souvenir des événements avec son père déclenchait la venue subite d'images qu'elle refusait de se souvenir. Elle se voyait coincée se faisant battre à grands coups de pied non par son père, mais bel et bien par sa mère. Ces images étaient dangereuses pour Amanda, car elle perdait connaissance à chaque fois qu'elles voulaient refaire surface.

— Tant pis! Je ne peux rien faire pour toi, c'était à toi de parler quand c'était le temps...Où est ton sac? Quand il va arriver à soir, il faut que tu sois prête!

— À quelle heure?

— À huit heures, tu vas pouvoir profiter de la visite avant qu'il arrive, je prépare un party.

Les yeux pleins d'eau, Amanda demanda à sa mère si elle pouvait faire quelque chose pour l'aider pour la fête. Elle prépara quelques sandwichs et essaya d'oublier son départ imminent pour le soir même. Les invités commencèrent à arriver quelques heures plus tard et rapidement Denise se réchauffa à l'alcool et devient joviale et ricaneuse. Elle demanda à Amanda de servir des « Rhums'n Coke » à ses invités. Amanda prépara donc les boissons alcoolisées en question et y goûta un peu à chaque fois pour s'assurer des proportions. Amanda commença rapidement à ressentir les effets de la boisson et se sentit de mieux en mieux. Ainsi après à peine deux heures à servir les invités Amanda cala un grand verre de boisson à chaque commande d'un invité. Ce fût lorsque Amanda s'enfargea dans le pied du bahut et qu'elle se mit à se rouler par terre, tordue de rire que Denise réalisa l'état de sa fille. Elle comprit soudainement la situation et regarda l'horloge. Elle n'avait qu'une demi-heure pour dégriser sa fille avant qu'elle n'embarque avec son père et elle ne pouvait pas téléphoner à celui-ci pour l'avertir de ne pas venir puisqu'à cette heure il devait déjà être sur l'autoroute. Elle demanda l'aide de son nouvel amant. Il s'appelait Michel. Ce dernier lui recommanda fortement de ne pas envoyer sa fille à Danville. À trois ils embarquèrent Amanda dans la douche pour la ressaisir et Amanda tomba en état de choc se raidissant les membres au point d'enfoncer ses pieds dans le ventre du nouveau copain de sa mère. Amanda vivait une crise psychotique reliée au moment où son père l'avait mis dans la douche lorsqu'elle était petite. Elle ne se souvenait pas des événements en tant que tels, mais ressentait une souffrance intolérable. Dès qu'elle commença à dégriser, son hystérie se transforma en larmes et en désespoir. Elle répéta qu'elle préférait mourir plutôt que d'aller à Danville. Elle s'effondra dans le fond du bain et refusa de bouger de là. Michel ferma l'eau et s'adressa à Denise.

— Voyons donc! Tu ne peux pas la forcer à y aller! Ça pas d'allure!

—Je n'ai pas le choix Michel, si je ne fais pas ce que l'avocat a dit, je vais avoir du trouble!

— Veux-tu bien me dire ce qu'il lui a fait? Elle est traumatisée!

— Je t'expliquerai une autre fois… Bon…Je pense que le party est fini…

— Ouais, ça tu le dis, en tout cas moi, je ne la laisse pas aller là-bas, on va dire à ton ex-mari qu'elle fait une indigestion qui a commencé d'un coup…

— Ça lui est déjà arrivé à cause d'antibiotiques, c'est comme ça qu'on a su pour son allergie à la pénicilline…

—Bon parfait! On va lui faire croire qu'elle a eu une réaction aux médicaments.

Denise dorlota enfin sa fille et la couvrit d'une serviette. Michel avait expliqué brièvement la situation aux invités et leur avait gentiment demandé de partir. Tous avaient acquiescé sans faire d'histoire. Il faut dire que la plupart des invités habitaient dans le même immeuble à logement; ils allèrent tous continuer de faire la fête chez Michel dont la porte était juste en face de celle de Denise. Ginette s'empressa de tout mettre en ordre dans le logement pour ne rien laisser voir du party quand Roger arriverait et disparut ensuite dans sa chambre, car elle ne voulait absolument pas voir cet homme maudit. Denise tamisa la lumière dans le salon et fit installer Amanda sur le divan avec des vêtements secs et chauds et ajouta une couverture de laine. Denise avait constaté que Amanda ne se souvenait de presque rien et pour une rare fois avait décidé de protéger sa fille. Son copain n'aurait jamais accepté de voir Amanda partir pour Danville. Il la protégeait et Denise le savait. Valait mieux être tous du même bord. Roger arriva quelques instants plus tard.

— Penses-tu vraiment que j'aurais inventé une histoire pareille?

—Oui! Juste pour me faire rouler 200 milles pour rien!

— Regarde! Tu vois bien qu'elle est malade, tu ne peux pas la descendre à Danville comme ça, elle va être malade dans ton beau camion neuf! Va falloir que tu arrêtes souvent, elle risque de tout beurrer!

— Ha OK! Arrête, tu m'écœures avec tes détails!

—C'est toi qui ne veux pas comprendre!

— Pis tu vas me faire croire qu'elle est tombée malade comme ça tout d'un coup?

— Souviens-toi à Chambly comment c'est arrivé vite!

—Correct...J'en ai assez entendu, mais je te jure que si jamais j'apprends que c'est un coup monté, vous allez avoir affaire à moi...Pour le moment, je laisse faire, mais elle est bien mieux d'être correcte la prochaine fois.

Cela avait foudroyé Roger que Denise parle de Chambly. Était-elle au courant de quelque chose? Amanda avait-elle parlé? Était-ce juste une coïncidence? Il repartit bredouille, frustré et angoissé. Amanda quant à elle, ne put s'endormir que lorsqu'elle entendit la porte du logement se refermer, il était enfin parti et elle était toujours là, elle n'était pas avec lui, son cauchemar prenait fin et elle pouvait enfin se relâcher un peu. Michel invita Denise à traverser de l'autre côté pour finir la soirée avec lui et les invités. Ginette suivit sa mère. Amanda resta sur le divan en paix. Denise fit la navette entre Amanda et le party de l'autre côté du palier. Elle voulait s'assurer que sa fille allait mieux et voulait également profiter de la fête.

L'odeur du café réveilla Amanda. Elle se leva tranquillement, car la tête lui tournait encore. Se traînant les pieds, elle arriva à la table et eut peine à soulever les grosses chaises de métal rembourrées.

— Ho! C'est dur le lendemain de veille hein?

—Ouf! J'ai la gorge sèche!

— Tiens! Bois ça, si tu es assez vieille pour boire, pis fumer, tu es assez vieille pour boire un café.

— Merci pour hier, Michel.

—Il n'y a rien là! Bon, il faut que j'y aille! Tu diras à ta mère que je vais revenir cet après-midi, OK?

— Parfait!

Amanda se recoucha, dans son lit cette fois et dormie jusqu'à onze heures. Elle en tira une bonne leçon, elle et l'alcool n'allaient pas bien ensemble.

Heureusement pour Amanda, le destin fit en sorte qu'elle n'eut pas à se débattre pour ne pas retourner à Danville. La vie s'en était chargée. Était-ce Roger qui remettait volontairement les sorties? Amanda n'en avait aucune idée, mais elle était bien contente qu'il ait eu l'air de l'oublier. Elle préférait toujours l'indifférence de sa mère et de sa sœur plutôt que d'aller à Danville.

CAHIER 12

Amanda reconnut tout de suite la voix de sa tante Juliette et laissa tomber son sac par terre. Elle l'embrassa immédiatement.

— Assieds-toi Manda, il faut qu'on parle.

—Tu as l'air à bien l'aimer ta tante hein?

— C'est sûr!

— Aimerais-tu ça aller passer tes vacances chez elle avec tes cousines?

—Hein! Je viens juste d'arriver!

— Ce n'est pas grave ça! Sers ton sac d'école pis prépare tes bagages.

—Ce n'est pas une farce? Je peux y aller?

— Écoute Manda, ta mère m'a dit que tu as des problèmes. Je pense que ça te ferait du bien de changer d'air. Tu pourrais m'aider un peu dans la maison, pas des grosses choses, mais ça ferait mon affaire.

La tante n'eut pas le temps de finir sa phrase que Amanda lui sautait au cou. Après quelques heures seulement, Amanda était installée à Brossard et partageait le quotidien avec ses deux cousines. La plus vieille était plutôt coquine avec son petit nez retroussé et ses cheveux raides et la plus jeune était vive comme l'éclair toujours à l'affût d'un mauvais coup à faire. Les trois cousines étaient contentes de se retrouver et avaient hâte de partager la même chambre. Amanda fût installée dans le salon pour quelque temps. L'oncle, qui était le frère de Roger avait été très surpris de voir Amanda arriver comme un cheveu sur la soupe et partager leur logement. Il apprécia sa présence et promit de lui trouver un lit rapidement afin qu'elle puisse dormir dans la chambre avec ses deux cousines.

Amanda dormait sur le divan lorsqu'elle sentit quelqu'un ou quelque chose l'étouffer. Elle avait une pression sur la poitrine et tentait vainement de respirer. Elle ouvrit les yeux, mais le reste de son corps refusait d'obéir. Elle était paralysée et terrorisée par ce qu'elle voyait. Il y avait une masse sombre au dessus d'elle; un nuage plus gros qu'elle et d'un gris charbon parsemé de reflets verdâtres. Cette masse voulait sa vie et son être. Amanda se souvenait avoir vu cette chose étrange le jour où sa grand-mère était intervenue et l'avait fait fuir avec les mots d'un langage inconnu. L'énorme chose ombragée l'avait averti qu'elle reviendrait la chercher. Au moment où Amanda sortit de son corps et vit cette chose s'en prendre à son corps, elle vit également sa tante arriver dans le salon et terrorisée par ce qu'elle venait de voir, elle était allée chercher un couteau de boucherie dans la cuisine et était revenue en criant et brandissant le couteau. Amanda revint dans son corps si rapidement qu'elle se sentit enfoncer dans les coussins du divan et rebondit assise bien carrée. L'étrange nuage s'était retiré comme une traînée de fumée aspirée par une cheminée. La tante alla déposer le couteau sur la table de la cuisine et revint.

— C'était quoi ça?

—Aucune idée ma tante…

— J'ai eu peur!

— Moi aussi…

—On a peut-être fait le même cauchemar…

— Je ne pense pas ma tante…Je l'ai déjà vu…je veux dire…avant…

—Est-ce que ta mère sait ça?

—Non.

— Dès demain je vais m'informer pour te faire voir un psychiatre…

—Je ne suis pas folle, ma tante.

—C'est bien certain que tu n'es pas folle puisque je l'ai vu moi aussi, mais tu as besoin de l'aide d'un spécialiste et il y a juste un psychiatre qui peut faire quelque chose pour ça.

—OK ma tante.

— En attendant, tu ne parles de ça à personne, tu m'entends? Personne. Fais-moi confiance.

—OK ma tante.

Quelques semaines plus tard, Amanda et sa tante étaient dans un bureau médical à discuter avec le spécialiste.

— Madame, il arrive parfois que certains enfants qui ont connu de grandes souffrances développent ce genre de comportements. Il ne faut pas nourrir ni encourager ces phénomènes. La science ne reconnaît pas ces événements même si nous sommes conscients de leur existence. Toi Amanda, tu dois leur dire non, tu comprends? Tu ne dois pas accepter leur présence et tu dois leur dire de s'en aller, en es-tu capable?

—Quand ça arrive, je sors de mon corps et j'attends que ça passe ou bien je vais me promener.

—Te promener! Te promener où?

—Je vais sur le bout d'un poteau et je saute sur l'autre et ainsi de suite…

—Pourquoi les poteaux Amanda?

— Parce que je ne veux pas me perdre, les poteaux ont des fils et je reste toujours en ligne droite, je ne tourne jamais.

Le psychiatre était fasciné par Amanda, pour la première fois de sa vie, il avait devant lui une enfant qui non seulement souffrait de dissociation mentale, mais qui en plus avait développé la capacité de laisser son âme voyager tout en étant consciente qu'elle ne devait pas se perdre. Elle avait dû souffrir terriblement pour avoir développé ce moyen de défense peu commun.

— Je veux que tu m'écoutes Amanda, tu vas cesser de faire cela et tu vas dire à ce nuage…Hum…Cette chose de s'en aller. Tu en es capable et tu le sais.

— Oui, mais comment je vais faire pour voyager?

—Cesse ça tout de suite! Pendant que tu te promènes Dieu sait où, tu n'es pas dans ton corps et un moment donné, tu ne pourras plus revenir! Tu comprends? Tu dois arrêter ça tout de suite! Tu ne veux pas devenir une âme errante?

— C'est quoi une âme errante?

—Peu importe! Je trouve que tu en sais déjà beaucoup trop! Tu ne parles pas de ça à personne, tu reprends ta vie normalement, tu vas à l'école et tu aides ta tante, point final! Tu dois agir comme une enfant normale malgré ce qui est arrivé chez toi, tu entends Amanda?

—Oui docteur.

— La prochaine fois que cette chose reviendra, je veux que tu lui ordonnes de s'en aller, je t'interdis d'aller sur les poteaux, compris?

— Oui docteur, c'est promis.

—Madame, je crois que votre nièce a compris ce qu'elle a à faire, il faut juste bien l'encadrer et surtout la traiter comme une enfant ordinaire. Une bonne routine et de l'amour…Voilà ce qu'il lui faut!

—Parfait docteur, si vous me dites qu'il n'y a aucun danger pour mes enfants…

— Tout se joue entre Amanda et cette chose et je crois qu'elle est très forte…Très intelligente aussi, elle sait comment garder le contrôle et il faut juste lui laisser la chance d'apprivoiser tout cela.

—Ouais…Toute une fille celle-là! Je vais en prendre soin, soyez sans crainte.

Amanda avait un petit lit avec ces deux cousines dans la même chambre. Elle était aux petits oiseaux. La saison était chaude et ce fût le plus bel été de sa vie. La tante travaillait dans une usine de tapis et elle confiait des tâches à Amanda tout en lui enseignant les principes de base pour un bon fonctionnement au quotidien. C'est ainsi qu'elle apprit tranquillement à prendre soin des plus jeunes. Son manque d'expérience la rendait franchement maladroite, mais elle prenait un peu plus confiance en elle-même et apprenait à son rythme.

Amanda avait remarqué le très beau jeune homme qui venait porter sa tante le soir, mais elle n'osait trop le regarder, car cela provoquait quelque chose d'inconnu chez elle et elle préférait rester dans sa zone de confort, elle ne voulait pas avoir à vivre quelque chose qui lui demanderait encore une adaptation. Elle était bien entourée de sa tante, ses cousines et son cousin qui était de retour depuis quelques jours et un étranger viendrait peut-être tout faire basculer. Elle ne le voulait pas. La tante s'aperçut rapidement de l'effet que ce jeune homme avait sur sa nièce.

— Tu le trouves beau hein?

—Ma tante!

— Quoi? Avoue que tu le trouves beau…

— C'est qui?

—Il s'appelle Mario, il travaille à la même place que moi…

— Il travaille? Veux-tu dire qu'il ne va pas à l'école?

—Oui, mais ce n'est pas grave, il est très intelligent et il va aller loin dans la vie, ça, c'est sûr, ça ne me surprendrait pas qu'il devienne contremaître d'ici un an ou deux. Il se débrouille très bien en anglais et il a son auto à lui, ça fait déjà un an qu'il a son permis, pas mal hein?

— Il a quel âge?

— Seize ou dix-sept, je ne suis pas sûre, avoue que tu le trouves beau...

—Tu sais ma tante, je ne l'ai pas vu de très près, j'ai juste quatorze ans, c'est-tu correct un gars comme lui?

— Ha! Tu rougis, de toute façon, si tu veux le savoir, lui, il s'intéresse à toi...Vous avez juste trois ans de différence, c'est correct...

—Il s'intéresse à moi... Ha non!

— Je l'ai invité pour vendredi soir, il va venir souper ici...

— Ha non! ma tante! Je ne pourrai même pas le regarder tellement il est beau!

—Ha! Je le savais que tu le trouvais beau!

—Je ne sais pas ce qu'il faut faire ma tante!

—Reste comme tu es... Tu es mignonne comme tout!

— Moi mignonne?

—Ouais bon...Disons à quelques détails près...Un petit peu de mascara et ta robe jaune, et le tour est joué!

— Je n'ai jamais mis ça du mascara!

—Inquiète-toi pas, je vais tout te montrer ça avant vendredi, il faut t'acheter des vitamines jeudi soir, on va t'acheter un mascara en même temps, tiens prends ça en attendant pour te pratiquer à te faire une petite ligne verte en dessous des yeux.

Vendredi arriva très vite et Amanda avait des papillons dans l'estomac. Elle faisait la navette entre la table pour voir si tout est bien en place et la fenêtre du salon pour voir si son prétendant était arrivé. Dès qu'elle le vit sortir se son gros véhicule beige aux portes en imitation de bois, elle craqua. Il s'était fait beau juste pour elle et elle n'en revenait pas. Elle prit les devants et alla ouvrir la porte elle-même. Elle figea. Hypnotisée par son regard elle était incapable de le faire entrer. Ce fut sa tante qui vint à la rescousse et fit entrer Mario dans la cuisine. Amanda suivit énervée par cette situation cocasse. La tante fit asseoir Mario sur la première chaise près du mur. Il regarda Amanda droit dans les yeux et lui demanda si elle voulait bien s'asseoir près de lui. Amanda plongea la tête première sous la table de la cuisine. Elle avait mal interprété ses paroles et croyait qu'il voulait qu'elle s'assoie sur la chaise du fond juste à côté de lui. La table étant presque collée au mur, Amanda avait plongé sous la table pour atteindre la chaise en question et évidemment, se cogna la tête bien d'aplomb au passage. Elle atteignit enfin la chaise qu'elle croyait la bonne et lorsqu'elle sortit du dessous de la table; elle traîna avec elle une partie de la nappe. Maladroite jusqu'au bout, lorsqu'elle tenta de replacer la nappe, elle appuya un peu trop fortement sur la table et fit basculer le pot à jus. Maintenant qu'elle était enfin assise et que la tornade était passée, Amanda rougissait de gêne et Mario riait très fort. Elle se mit à rire elle aussi. Elle revoyait dans sa tête toutes les gaffes qu'elle venait de faire. Sa tante la regarda d'un air désespéré spécifiant à son invité que sa nièce n'était heureusement pas toujours ainsi.

Le souper se passa très bien. Amanda se sentit rapidement à l'aise avec ce garçon si gentil et lui la trouvait très drôle, mais surtout très belle. Après de longues heures à parlementer à la table, la tante demanda à Mario avec un gros clin d'œil complice s' il irait lui faire une commission au marché.

— Pas de problème, ça va me faire plaisir. Viens-tu avec moi Amanda?

— Hum…Si je réussis à sortir de la table sans trop de dégâts…

—Ho là! Attends-! Aide-moi Mario, on va lui tasser la table, c'est plus simple et surtout moins dangereux!

— Ha! Très drôle ma tante!

La rentrée scolaire approcha à grands pas et Amanda demanda à sa tante si elle pouvait rester avec elle et les enfants. Elle se sentait bien avec eux et désirait réussir son école. La tante accepta avec la bénédiction de la mère. Tous étaient unanimes, Amanda faisait de grands progrès depuis qu'elle était là. Elle s'ouvrait tranquillement et à part quelques comportements un peu excessifs, elle s'adaptait bien et ne demandait qu'à apprendre. La petite fille traumatisée se transformait tranquillement en belle jeune fille et tous étaient étonnés des efforts qu'elle y mettait.

Mario et Amanda se fréquentaient sur une base régulière. Amanda était tout simplement folle de lui et pensait à lui constamment. Ses résultats scolaires remontaient et elle recommençait à rêver à un avenir prometteur contrairement à sa santé qui se détériorait une fois de plus. Elle se remit à perdre connaissance en attendant l'autobus le matin et perdit ses forces à vue d'œil. Elle s'épuisait facilement et passait son temps à dormir. Le médecin recommanda à la tante des vitamines spécialisées en ampoules.

Amanda adorait voir Mario faire toute sorte de choses banales comme se laver les cheveux. Il était vraiment unique. Il mélangeait plusieurs sortes de shampoing et disait que cela faisait de plus beaux cheveux. Amanda le trouvait original, débrouillard et surtout très beau. Elle l'aimait et le désirait, mais cela ne provoquait pas seulement que du désir chez elle. Elle angoissait terriblement. Quelque chose n'allait pas. Son cœur se mettait à s'affoler chaque fois qu'elle tentait un rapprochement. Un voile noir apparaissait devant ses yeux et elle se mettait à trembler puis elle tombait. Amanda restait incapable d'expliquer ce phénomène non pas qu'elle n'en connaissait pas l'origine, mais plutôt qu'elle ne voulait pas révéler son terrible secret. Peut-être qu'il ne l'aimerait plus s'il savait. Mario étant dépourvu de toute expérience importante sur ce sujet avait essayé l'insistance, mais cela n'avait pas porté ses fruits. Au contraire. Amanda s'était révélée être quelqu'un de plutôt sur la défensive en la matière mordant et frappant son amoureux chaque fois que celui-ci insistait un peu trop. Naturellement, Mario s'éloigna tranquillement puis le temps de la chasse arriva et Amanda perdit son amoureux pour un temps. Il était loin et elle était incapable d'assister à ce genre de carnage. Elle était restée à la maison. Une seule fois il l'avait emmené avec lui et elle avait toussé juste comme il était sur le point d'abattre l'animal tant recherché. Il avait refusé de l'emmener une seconde fois et avec raison. Maintenant elle l'attendait et étudiait pour ne pas penser à lui.

Amanda était couchée lorsque le téléphone sonna. Elle pleurait comme tous les soirs depuis qu'elle avait réalisé que Mario ne reviendrait plus. Il n'était jamais revenu la voir depuis la chasse. Il s'était tanné et il préférait fréquenter une jeune fille qui représentait un moins grand défi. Amanda avait déjà trop de vécu pour entreprendre le même cheminement qu'une adolescente ordinaire. Entre ses pleurs et ses pensées, elle entendait sa tante parler au téléphone.

—Tu ne peux pas lui faire ça…Encore une autre école…Elle commence à peine à s'en sortir…C'est normal, c'est son premier amour…Il faut qu'elle pleure, même que c'est bon, c'est peut-être ça qui va la faire débloquer…Un jour ou l'autre va falloir qu'elle le dise…Pourquoi bloque-t-elle comme ça? Je ne t'accuse de rien, je veux juste que tu comprennes…Elle ne peut pas garder ça pour elle de même tout le temps… Ne fais pas ça Denise…Je le sais que c'est ta fille, je ne dis pas le contraire…Je t'en supplie, laisse-lui une chance de s'en sortir…

Amanda avait deviné la situation lorsque sa tante entra dans la chambre doucement. Elle avait laissé la lumière fermée pour ne pas réveiller les autres et avait demandé à Amanda de se lever. C'est seulement lorsque ses yeux s'habituèrent à la lumière du passage que Amanda réalisa que sa tante pleurait elle aussi.

— Ta mère s'en vient te chercher Amanda. Je vais ramasser tes affaires moi-même pour ne pas réveiller les enfants.

— Je ne veux pas retourner là ma tante, je t'en supplie!

— Elle dit que c'est le bien-être social, elle va se faire couper son chèque…

— Tu vois bien qu'elle se fout de moi. C'est le chèque qu'elle veut!

— T'es sa fille Amanda, pas la mienne, je ne peux rien faire, je n'ai pas le droit de te garder si elle ne le veut pas...

— Ils disent à l'école qu'elle n'a pas le droit de me garder si je ne le veux pas!

— Ça ce n'est pas pareil, tu parles de la protection de la jeunesse, moi je te gardais pour rien, juste pour vous aider toi pis ta mère... Si elle veut que tu retournes chez elle, je n'ai pas le choix, ça ne veut pas dire que je ne t'aime pas...

— Je le sais ma tante, mais je veux rester.

Le cœur brisé, la tante téléphona à Denise pour tenter une dernière fois de la convaincre. Ce fut un échec. La réaction de Denise fut terrible. Elle arriva une heure plus tard avec des policiers. Elle leur avait dit que la tante refusait de lui remettre sa fille. Amanda refusa d'aller avec elle. Des cris et des pleurs se firent entendre de part et d'autre. Les policiers se mirent à deux pour sortir Amanda qui était allée se cacher dans la chambre. Elle s'agrippait au cadrage de la porte de chambre refusant de coopérer et la tante profita de ce moment pour mettre dans les affaires de Amanda le crayon vert et le mascara qu'elle lui avait offert. Amanda s'en aperçut seulement une fois rendue à Longueuil. Ce fut le plus beau souvenir qu'elle garderait de sa tante. Chaque fois qu'elle se maquillait, elle avait une petite pensée pour cette gentille tante qui lui avait permis de découvrir toute la féminité de son visage.

CAHIER 13

Amanda était exactement ce qu'elle croyait à savoir un montant supplémentaire sur le chèque chaque mois et rien de plus. Elle se sentait comme un meuble. Elle était totalement ignorée par sa mère et sa sœur. Elle ne voulait pas être là et sa mère l'avait récupéré avec force et brutalité. Ginette volait toujours dans les magasins, mais les vêtements et les bijoux étaient différents, plus osés.

Denise installa sa fille Ginette sur la galerie en arrière du logement. Elle avait maintenant seize ans. Le soleil d'automne plombait sur elle et elle s'installa sur une couverture exactement comme sa mère lui avait dit de faire. Elle portait un jeans neuf et la fermeture éclair était ouverte pour laisser voir son ventre et ses hanches. Elle portait une blouse transparente nouée à la taille et entièrement ouverte sur le devant. Elle avait une queue de cheval sur le côté de la tête et portait plusieurs chaînes au cou de toutes les grandeurs. On pouvait voir ses seins nus et libres à travers la blouse. Elle était maquillée à outrance et le fard à joues lui donnait un air de poupée.

Ginette avait l'air à l'aise avec tout cela comme si ce n'était pas la première fois. Elle réussit la pose du premier coup. Amanda se demanda à quoi rimait tout ce cirque et demanda des explications.

— Mêle-toi pas de ça toi…Tu ne peux pas comprendre ça ces affaires-là.

— Quelles affaires?

— Tu es trop jeune pour savoir ça.

— Je ne suis pas si jeune que ça! Pis à part ça, j'ai juste deux ans de moins que Ginette!

— Deux ans, ça paraît, tu sauras, pis en plus tu n'as pas de tétons! Pis tu n'es pas aussi belle qu'elle!

— Moi, je trouve qu'elle a l'air d'un clown! Pis Mario lui, me trouve très belle tu sauras, je n'ai pas besoin d'avoir l'air d'une…

Le dernier mot mourut dans un bruit de gifle.

— C'est qui ça Mario…Hein? Réponds!

Amanda ne répondit pas. Elle savait maintenant que sa mère la frappait chaque fois qu'elle disait une vérité. Et puis Ginette commençait à s'impatienter sur la galerie au soleil.

— Envoie Moman, j'ai chaud! Laisse-la faire…Mon maquillage va couler.

Amanda avait envie de lui lancer que si elle en avait mis moins épais il n'y aurait pas eu de danger que ça coule, mais elle préférait se taire, car elle voulait les observer. Elle n'avait toujours pas eu la réponse à sa toute première question à savoir pourquoi tout ce cirque.

Amanda s'était assise discrètement sur le divan et les regardait faire. La mère replaça un peu sa fille et lui demanda de ne plus bouger. Elle ramassa son appareil photo et continua à prendre plusieurs clichés de Ginette dans toutes sortes de positions des plus suggestives qui soient. Ginette prenait des allures de femme fatale et avait l'air de s'y plaire. C'est en écoutant les propose de sa mère et de sa sœur que Amanda comprit enfin le pourquoi de tout ce qu'elle voyait. Sa sœur et sa mère posaient comme cela pour des prisonniers. Elles correspondaient avec ceux-ci régulièrement en leur écrivant des lettres d'amour et leur fournissaient des photos qui venaient appuyer les propos osés tenus dans les lettres.

Amanda regarda ses seins par l'ouverture du col de son chandail et fût rassurée de ne pas les avoir aussi gros que ceux de sa sœur, car elle aurait probablement été obligée de faire comme elle. Le cœur lui leva juste à l'idée d'avoir à se beurrer le visage de manière aussi vulgaire. Elle était très contente de son mascara et son petit crayon vert. Sa tante lui avait appris qu'elle n'avait pas besoin de mettre quoi que ce soit d'autre et qu'elle était suffisamment jolie. Elle replaça son col en priant que ses seins ne se mettent pas à grossir du jour au lendemain.

Amanda ferma sa boîte d'effets personnels. C'était le troisième déménagement en moins d'un an. Elle angoissait comme à chaque changement de quartier et de milieu. Son estomac se tordait juste à l'idée d'avoir encore à s'intégrer à une nouvelle école. Sa mère ne lui expliquait absolument rien. C'était l'inconnu. Un quartier inconnu, un logement inconnu, des voisins inconnus et une école inconnue l'attendaient. Elle n'était plus capable de s'adapter et elle se repliait de plus en plus. Elle avait cessé de communiquer. Elle s'était remise en mode survie. Elle se levait et faisait sa journée comme si elle était un robot. Elle ne faisait absolument rien pour attirer l'attention, car elle voulait disparaître jusqu'au coucher, moment où elle pourrait se réfugier dans ses rêves. Il lui restait au moins ses rêves pour survivre. Elle avait encore l'espoir de réussir ses études et de devenir quelqu'un de bien. Elle se ferait engager très tôt et n'importe où juste pour partir de chez sa mère. Elle gagnerait ensuite de l'argent et s'achèterait une machine à écrire. Elle écrirait sans le dire à personne. Elle aurait probablement à faire un autre métier, car l'orienteur à l'école lui avait dit que l'écriture n'était pas suffisante pour vivre convenablement. Tous les métiers d'artistes lui avait-il précisé, n'étaient que des métiers instables et pas assez payants. Étant donné son statut social et les perspectives économiques, elle aurait à se diriger vers autre chose. Elle avait alors pensé à plein de métiers différents qu'elle aurait aimé faire. Du travail de laboratoire ou encore trouver des indices que d'autres ne trouvent pas lors de crimes. Elle pourrait peut-être utiliser la couture pour faire des couvertures pour les pauvres, mais se ravisa aussi vite, car cela ne serait pas assez payant et elle devrait alors se trouver un troisième emploi, ce qu'elle commençait à trouver un peu exagéré. Puis ces pensées basculèrent tranquillement vers le sommeil. Amanda rêva qu'elle était aux commandes d'un F16.

Amanda se réveilla tout étonnée que la nuit soit déjà passée. C'était ainsi depuis des mois et des mois. Seuls ses rêves lui permettaient de rester en vie. Les notes de ses bulletins scolaires ne reflétaient pas ses efforts. Elle avait beau étudier, chaque fois qu'elle changeait d'école, elle était complètement déboussolée. Les programmes scolaires étant différents d'une école à une autre, l'adaptation était devenue impossible et ses rêves commençaient à s'effriter un à un. À la maison également elle restait incapable de s'adapter. Il y avait eu trop de changements en peu de temps et son corps n'était plus capable d'en prendre. Elle cachait ses résultats scolaires et voulait disparaître encore plus. Elle ne s'étonnait même plus chaque fois que sa mère lui disait de faire ses boîtes et de toute façon, elle ne les défaisait plus. Cela faisait déjà un an qu'elle ne les ouvrait plus préférant les laisser remplies pour la prochaine fois. Elle utilisait seulement ce qui était strictement nécessaire c'est-à-dire quelques vêtements et ses livres. Ses chers livres. Même si Amanda avait de la difficulté à l'école, elle restait une amoureuse inconditionnelle des livres. Elle avait découvert un monde auquel elle avait accès facilement et gratuitement. Elle se rendait très souvent à la bibliothèque de la ville. Elle y empruntait des livres de tous les sujets possibles. Cela était devenu sa façon d'apprendre. Elle apportait même les livres de la bibliothèque à l'école et faignant se rendre à l'intérieur des classes elle restait à la cafétéria ou dans un endroit tranquille et elle lisait, lisait et lisait encore, elle lisait absolument tout ce qui lui tombait dans les mains.

C'est justement ce qu'elle était en train de faire lorsqu'elle apprit le décès de son grand-père. Tel un poignard enfoncé dans sa poitrine, la douleur était tellement intense que Amanda se demanda si elle n'allait pas mourir elle aussi. Elle voyait l'image de son grand-père défiler devant elle. Elle ne croyait pas qu'il puisse être mort. Un homme comme lui, ça ne doit certainement pas mourir. Il était tellement grand et costaud, non, c'était impossible. Pourtant tout autour d'elle lui démontrait que c'était effectivement arrivé. La famille au complet pleurait et le téléphone ne dérougissait pas. Puis Amanda commença tranquillement à assimiler. Ses premières larmes commencèrent à couler seulement que trois jours plus tard. Elle regardait son grand-père et n'avait d'autre choix que de se rendre à l'évidence, ils fermeraient bientôt sa tombe et elle ne le reverrait plus jamais. Amanda regarda sa grand-mère pleurer et toutes deux n'avaient pas besoin de parler pour se comprendre. Amanda se retourna vers son grand-père et souhaita ne jamais oublier son menton fort et carré, sa façon de pencher la tête toujours vers la droite pour réussir à passer sous les cadrages de portes, ses souliers immenses sur le tapis de crin, son verre de thé qui était en réalité un ancien verre de moutarde avec les imprimés de cœurs, carreaux, trèfles et piques, ce verre qu'il rangeait toujours à l'envers sur une serviette de table sur le bureau juste en arrière de lui lorsqu'il était assis à la table. Elle ne l'entendrait plus s'exclamer : « *Ha bien, torrieux de baptême!* » Jamais elle ne l'oublierait.

Amanda sursauta de joie lorsqu'elle arriva de l'école et que sa mère lui apprit qu'elle avait reçu une lettre adressée à son nom. Elle retourna la lettre pour savoir d'où elle provenait. Qui pensait enfin à elle et lui écrivait? C'était sa petite sœur Caroline à Danville. Amanda éclata en sanglots avant même d'ouvrir l'enveloppe. Enfin elle avait un contact avec celle dont elle s'ennuyait tant. Elle lut les mots en tremblant habitée à la fois par la joie, la tristesse, la peur et le questionnement :

Chère Manda, Papa s'est fait une nouvelle blonde, c'est pour ça qu'on était à Québec toutes les fins de semaine. Elle s'appelle Sylvie et je l'aime beaucoup parce qu'elle est fine avec moi et là, elle reste avec nous autres ça fait que Papa est plus gentil asteure. Est-ce que tu peux venir pour les fêtes? Parce qu'on s'ennuie de toi. Eddy dit que tu peux dormir dans son lit, mais Claude dit que son lit est plus grand que celui à Eddy, ils se chicanent encore, moi j'aimerais mieux que tu dormes dans ma chambre, comme ça on va parler des affaires de filles. J'ai ma chambre à moi asteure et elle est rose et j'ai un bureau pour mes devoirs.

Viens s'il te plait, Sylvie veut te connaître.

À bientôt, je t'aime grande sœur.

P.-S. J'ai un fer à friser et j'ai le droit de me maquiller aussi...ha oui! J'ai un tapis rose dans ma chambre, tu vas voir, c'est beau.

Denise accepta l'offre de son copain d'aller porter Amanda à Danville pour qu'elle puisse enfin voir ses frères et sa sœur.

Amanda regarda autour d'elle et constata qu'elle n'était plus chez elle dans cette maison. Sylvie, la nouvelle blonde de Roger, avait tout fait pour bien l'accueillir, mais tout la mettait mal à l'aise. Il y avait aussi ces nouveaux enfants dans la maison qui la traitaient comme une étrangère. Les meubles avaient changé ainsi que la couleur des murs; même le poêle à bois avait changé de place ou plutôt était-ce la porte de la salle de bain...Ou bien celle du grenier; oui; c'était cela, le grenier était maintenant fini et il avait fallu percer un grand trou dans le mur pour y ajouter un escalier et une porte. Elle y monta et vit qu'il y avait trois pièces. Plus rien n'indiquait dans la maison que Amanda y ait déjà vécu, pas même une photo sur les murs. Pourtant, il y en avait des photos, des tonnes, partout, mais elle n'était sur aucune d'elles. Caroline aussi avait changé et en mieux. Elle était calme et ses yeux étaient beaucoup plus doux qu'auparavant probablement grâce à cette nouvelle femme dans le décor. Cela rassura grandement Amanda, elle qui avait toujours la crainte que Caroline subisse le même sort qu'elle. Juste à voir la dame en question aller, il était clair que contrairement à Denise, celle-ci ne laisserait jamais le mari agir comme il l'avait fait dans le passé. Malgré tout ce qui avait été mis en place, Amanda fit quand même des cauchemars. Elle entendait une petite fille crier et pleurer et même en se mettant un oreiller sur la tête, elle l'entend toujours. Elle criait et suppliait. Après trois nuits d'insomnie et de cauchemars, Amanda était épuisée et avait hâte de revenir à Longueuil. Elle était très heureuse d'avoir enfin vu ses frères et sa sœur, mais n'en pouvait plus. Trop de souvenirs la rattrapaient et la hantaient.

Plus Amanda allait à Danville et plus elle était perturbée. Roger avait exigé des visites régulières probablement pour faire une bonne impression devant sa nouvelle conquête. Amanda ne montrait pas sa répréhension lorsqu'elle y allait, car elle savait que ce ne serait pas éternel et voulant voir ses frères et sa sœur, c'était le prix à payer. Elle réalisa aussi qu'elle ne devait pas parler du passé avec son père devant Sylvie. Elle décida de ne plus jamais en parler pour protéger Caroline. Ainsi elle avait la certitude que tant que cette femme resterait dans le décor il n'arriverait rien de grave à sa petite sœur. Elle accumulait sa rage vis-à-vis l'homme qui tentait de bien paraître et lorsqu'elle revenait à Longueuil, elle pouvait enfin relâcher sa colère qu'elle gardait en dedans chaque fois qu'elle allait à Danville. Sa mère ne l'aida pas du tout à gérer toutes ces situations qui l'affectaient, au contraire. Encore cette fois comme toutes les autres, au lieu de lui demander comment ça avait été et de l'écouter, elle s'en prenait à elle.

— Tu as donc bien l'air bête toi! C'est ton père qui t'a encore enflé la tête?

— Non Moman!

— Change d'air! Sinon tu vas aller vivre là pour de bon, est-ce clair? Réponds-moi quand je te parle!

— Tu ne parles pas, tu cries…Tu cries tout le temps!

— Ha ma p'tite crisse d'effrontée toi! Va-t-en dans ta chambre!

— Bien oui dans ma chambre…Ça fait dix minutes que je suis arrivée pis là tu veux déjà que j'aille dans ma chambre... Pour quelque chose que je n'ai même pas fait en plus!

— Ha bien sacrament toi...

Amanda encaissa les coups sans broncher, elle regarda sa mère droit dans les yeux et ne bougea même pas puis elle partit dans sa chambre comme si de rien n'était. Le regard de sa mère changea, elle ne comprenait pas, elle ne réalisait pas que cela faisait déjà très longtemps qu'elle avait dépassé les bornes avec sa fille et qu'il était maintenant impossible de rebrousser chemin. Amanda ne le savait pas non plus, mais elle savait qu'elle était devenue une fille terriblement dure. Elle s'était bâti un mur à toute épreuve et même la violence des coups ne pouvait l'atteindre désormais. Elle n'avait pas peur de la violence puisque c'était la seule chose qu'elle connaissait. Elle pouvait même l'utiliser contre ses agresseurs. Elle était une bombe à retardement.

CAHIER 14

Amanda était encore dans le parc à essayer de lire son livre à la noirceur quand elle vit un jeune homme arriver. Elle ne l'avait jamais vu. Il était plutôt bizarre avec son look des années soixante-dix, ses cheveux longs et sa démarche nonchalante. Il enleva son vieux sac de jute grise qu'il avait sur les épaules et le déposa par terre.

— Tu lis encore?

— Pourquoi me demandes-tu ça?

— Parce que tu étais là hier, pis avant-hier, pis lundi aussi, juste vendredi que je ne t'ai pas vue...

— Ha oui? Comment ça se fait que moi je ne t'ai jamais vu?

— Parce que tu as tout le temps les yeux sur ton livre!

— Ouais... En tout cas, qu'est-ce que tu veux?

— Hum... On pourrait sortir ensemble?

— Non...

— Pourquoi?

— Parce que tu vas vite t'apercevoir que je viens d'une famille de fous pis tu vas te tanner pis moi, j'vais avoir de la peine, pis bla-bla-bla... Achale-moi donc pas!

— Une famille de fous? Qu'est-ce que tu veux dire?

— Je n'ai pas le goût d'en parler pis de toute façon, je lis là...

— Tu ne devrais pas lire à la noirceur...

— Pis toi tu ne devrais pas fumer un joint, ça pue, ça donne mauvaise haleine et tu viens les yeux tous rouges...Pis en plus, je ne lis pas puisque tu me déranges...

— Ouais... Tu es une p'tite vite toi?

— Si j'étais si vite que tu dis, ça ferait longtemps que j'aurais trouvé le moyen de décrisser de chez ma mère, sans être obligée d'aller chez mon père, tout en continuant de voir ma sœur pis mes frères. Je trouverais aussi le moyen d'aller à l'école comme du monde, pis je gagnerais plein d'argent en travaillant...Veux-tu que je continue ou bien si t'en as assez? Finalement, je serais peut-être mieux de faire comme toi...Me geler la face pour ne pas penser à rien...

— Non fais pas comme moi, c'est l'enfer, on peut plus s'en passer après pis ça coûte cher en plus...

— Tu as juste à écraser ce joint-là, ce serait un bon début, non?

— OK...Mais à une seule condition...Que tu deviennes mon amie...

— OK!

— Est-ce que je peux t'embrasser?

— Euh...Non! On est peut-être fous chez nous, mais j'ai quand même appris à ne pas embrasser mes amis... Pour tout de suite en tout cas.

— Ça veut-tu dire que je peux espérer?

—Oui, tu es beau quand tu n'as pas tous les cheveux dans le visage...

Ils se donnèrent rendez-vous dans le parc plusieurs fois par semaine et Amanda s'ouvrit peu à peu, elle parlait plus ouvertement de son vécu et François l'écoutait attentivement. Il la conseillait également. Amanda se demanda comment il se faisait qu'il soit au courant de toutes ces choses et il lui expliqua qu'il avait une bonne relation avec sa mère et qu'ils parlaient souvent ensemble et qu'il était au courant de ses droits. Amanda se souvint de ce qu'un psychologue lui avait déjà dit dans une des polyvalentes qu'elle avait fréquenté. Elle ne se souvenait plus laquelle, mais elle se souvenait qu'il lui avait dit qu'elle devait faire quelque chose; que sa façon de vivre n'était pas normale et que cela aurait des conséquences graves sur sa vie plus tard. Plus elle fréquentait ce garçon et plus elle comprenait qu'effectivement, dans les autres familles, ça ne se passait pas comme chez elle. Il l'invita régulièrement chez lui et elle rencontra ses deux sœurs et sa mère. Cette dernière était découragée des propos tenus par Amanda. Elle se garda bien de l'influencer de quelque manière que ce soit. Elle constata que Amanda était anormalement maigre et qu'elle avait des comportements de fille mal élevée. Pourtant, elle était aussi une jeune fille tendre et docile, elle écoutait facilement et était curieuse d'apprendre.

Les deux nouveaux amis se fréquentèrent ainsi pendant plusieurs mois et plus les rencontres avec cette famille étaient rapprochées plus Amanda avait de la difficulté avec sa mère. Les disputes étaient quotidiennes et Amanda était constamment frappée et s'endurcissait encore plus tous les jours. Plus rien ne lui faisait peur. Plus rien ne l'atteignait. Elle se réfugiait dans le parc plusieurs fois par jour et attendait que la journée passe en lisant. L'école recommencerait bientôt et elle verrait moins sa mère. Il y aurait certainement moins de disputes puisque le problème résidait surtout dans le fait qu'elle était de trop entre sa mère et sa sœur qui avaient établi une complicité depuis déjà plusieurs années. Amanda ne faisait pas partie de leurs projets communs. Elle était exclue de tout et elle rentra le soir très tard avec l'estomac vide. Comme bien des fois, elle constata qu'il y avait un reste de repas sur le comptoir et elle l'ingurgita rapidement pour ne pas se faire voir. C'était le seul repas qu'elle prendrait encore cette fois. Elle prit une douche sans shampoing puisqu'il n'y en avait pas. Il n'y avait même plus de savon à vaisselle, ce qu'elle utilisait lorsqu'il n'y avait plus de shampoing.

    C'est sur cette note qu'elle commença son secondaire trois. Elle avait doublé et elle devait recommencer de peine et de misère. Elle s'aperçut rapidement qu'elle n'en viendrait jamais à bout. Elle était incapable de se concentrer et plus rien ne l'intéressait. Elle continuait de maigrir et n'avait plus que la peau et les os. Ses seuls moments de répit étaient ceux qu'elle passait avec son copain. Il l'emmenait souvent à l'arcade de la ville et ils jouaient à toute une panoplie de jeux vidéo. Ils y passaient plusieurs heures à jouer ensemble. Les moments passés avec la mère de François étaient eux aussi enrichissants. Amanda parlait de plus en plus et elle ne se sentait pas jugée. Elle faisait des révélations inattendues sur sa famille et son passé. La dame sursautait parfois tellement les propos de Amanda révélaient la cruauté vécue par celle-ci. La dame lui glissa doucement sur la table trois feuillets d'information sur la protection de la jeunesse. Elle lui recommanda de lire attentivement tout cela et elles en reparleraient un peu plus tard. François et Amanda allèrent s'asseoir dans les deux gros fauteuils du salon et lisèrent ensemble la documentation.

C'était maintenant clair. Ce qu'elle vivait n'était pas normal et toute sa vie prendrait le large si elle ne réagissait pas promptement. Amanda décida qu'elle en parlerait ouvertement avec sa mère. Elle lui dirait qu'elle ne voulait plus de cette vie-là, qu'elle voulait réussir à l'école, qu'elle voulait manger quand c'était nécessaire, qu'elle ne voulait plus avoir à se défendre de tous ces hommes qui tentaient de la faire maîtresse pendant que sa mère dormait ivre et qu'elle ne voulait plus se sentir exclue du clan des St-Amant même si elle était une Grondin.

Elle rêvait qu'elle irait au cinéma avec sa sœur, qu'elle aurait de belles et encourageantes conversations avec sa mère et qu'elle aurait des vêtements propres à se mettre sur le dos, mais rien de tout cela ne se produit. La mère ne voyait dans les propos de sa fille que des reproches et la regardait comme une rivale. Amanda réalisa que rien n'avait changé depuis ses six ans et que rien ne changerait non plus. Elle était exactement celle qu'elle avait été au moment où sa mère l'avait sauvagement traîné dans la salle de bain pour la rouer de coups presque jusqu'à la mort. Elle était restée celle qu'on repousse, qu'on dénigre et surtout qu'on n'aime pas. Elle avait eu tort de rêver qu'elle pouvait devenir la fille de sa mère elle aussi. La seule enfant que Denise acceptait comme telle était Ginette, l'enfant qu'elle avait mis au monde avant même de rencontrer Roger la première fois. Tous les autres lui rappelaient son mari et son échec marital. Amanda se souvint des mots qu'elle avait entendus lorsqu'elle était petite et commença à comprendre ce qu'était un bâtard.

Denise décida que cette famille de la rue Vianney avait de trop de mauvaises influences sur sa fille et lui interdit d'y retourner. Elle fût consignée à sa chambre tous les jours sous argument qu'elle voulait faire du trouble. On lui reprochait d'être nulle à l'école et d'avoir caché ses mauvais résultats, et ce, malgré le fait qu'elle était la seule à avoir encore assez de courage pour y aller. À plusieurs reprises, Amanda se sauva par le passage lorsque sa mère et sa sœur étaient dans la cuisine. Elle se glissait doucement le long du mur, regardait en cati mini et lorsqu'elle voyait qu'elles étaient occupées toutes les deux, elle glissait les pieds sur le tapis en gardant ses souliers dans ses mains et elle les mettait une fois en bas dans le portique. Elle sortait en vitesse et faisait un grand détour pour éviter d'être vue par sa mère ou sa sœur qui pourraient être dans la porte-fenêtre du logement.

Dès qu'elle arriva chez François, la mère de celui-ci lui expliqua qu'elle avait l'obligation d'avertir la protection de la jeunesse qu'elle fuguait ainsi régulièrement. Elle expliqua clairement à Amanda que c'était dans le but de les protéger toutes les deux. Amanda appréciait de plus en plus cette femme, car elle s'adressait à elle clairement, mais sans crier. Tout ce qu'elle disait est clairement expliqué et cela rassurait Amanda. Ça lui était facile d'obéir puisqu'elle comprenait parfaitement le bien-fondé des consignes. Elle parla donc aussi ouvertement à la travailleuse sociale qu'à la mère de François comme celle-ci lui avait demandé de faire. Amanda écouta attentivement toutes les consignes et comprit que son avenir dépendrait tout entier des décisions qu'elle prendrait maintenant. Elle raconta de long en large ce qu'elle vivait à la maison et à l'école. Elle expliqua aussi ses rêves de devenir quelqu'un de bien puis se mit à pleurer lorsqu'elle parla de son déracinement et de tout ce qu'elle avait dû contenir pour avoir encore le droit de voir sa sœur et ses frères. Elle revint ensuite au logement de la même manière qu'elle y était sortie. Elle répéta son petit manège à plusieurs reprises et c'est seulement par hasard que sa mère s'aperçut des escapades de sa fille. Elle fût sévèrement punie ce jour-là. Elle était couverte de bleus dans les jours qui suivirent.

Amanda s'enfargea dans les boîtes en rentrant de l'école. Une atmosphère d'urgence régnait et sa mère lui tomba dessus.

— Va faire tes boîtes!

— On déménage encore?

— Oui! Envoie!... Ce n'est pas le temps de niaiser!

— Mais j'ai des devoirs à faire!

— Tu les feras en chemin!

— Je ne veux pas déménager moi! Je commence juste à me faire des amis!

— Si c'est des amis comme ton crotté qui t'enfle la tête, tu peux t'en passer!

— Mais j'ai un oral jeudi, il faut que je me pratique!

— Écoute-moi ma p'tite crisse, c'est à cause de toi qui faut encore qu'on change de place, ça fait que tu vas aller faire tes boîtes en fermant ta gueule, c'est-tu clair?

— Où est-ce qu'on s'en va?

— Sur la rue St-Jacques.

— C'est trop loin... Comment vais-je faire pour aller à l'école?

— En autobus de la ville... À moins que tu sois encore trop épaisse pis que tu te ramasses à Montréal! Envoie... C'est la dernière fois que je te le dis!

— Oui, Moman.

Elle alla dans sa chambre en pleurant. Elle connaissait déjà toutes les conséquences de ce déménagement et cette fois elle perdrait François le seul ami qu'elle avait et à qui elle pouvait se confier.

Le logement de la rue St-Jacques avait l'air d'un chantier de construction et cela même après plus de deux semaines après le déménagement. Amanda n'en pouvait plus, elle était constamment confrontée à sa mère et ne réussissait pas à s'expliquer. Les coups arrivaient chaque fois toujours plus vite et de plus en plus violemment. Sa sœur profitait toujours de sa vulnérabilité pour lui faire passer tout sur le dos. Elle était d'une hypocrisie telle que Amanda ne lui adressait même plus la parole. Ginette avait avoué qu'elles avaient dû quitter le dernier logement non pas parce que Amanda avait parlé à la protection de la jeunesse, mais plutôt parce que les prisonniers à qui elles avaient envoyé des photos compromettantes étaient maintenant sortis de prison et les avaient informées qu'ils iraient les rencontrer en personne. La mère et la sœur leur avaient alors expliqué que tout ce dont elles parlaient dans les lettres n'était seulement que pour les aider à passer du bon temps en prison. Les deux individus étaient maintenant tellement frustrés qu'ils les avaient menacées ouvertement. C'était la raison pour laquelle elles avaient quitté le logement de manière si urgente. Même si Ginette avoua tout cela à Amanda celle-ci resta de marbre. À cause de leurs niaiseries, elle devait encore s'adapter à un nouvel environnement et elle en avait marre. Ginette la prit encore plus en grippe.

Deux fois dans la même semaine, au lieu de se rendre à l'école comme prévu, Amanda se rendit chez François. Ce dernier était à l'école et Amanda voulait rencontrer sa mère. Elle parla longuement avec celle-ci qui lui remit un petit carton avec son numéro de téléphone dessus. Elle lui ordonna de toujours l'avoir sur elle bien caché dans ses vêtements. Amanda cacha le carton dans ses bas.

Sitôt entrée dans le logement, Denise empoigna Amanda par le bras et l'enferma dans sa chambre. Amanda se demanda ce qui se passait, mais elle avait des doutes; c'était probablement l'école qui avait téléphoné pour l'avertir que cela faisait maintenant plusieurs jours qu'elle ne venait plus à l'école. Amanda se mit à crier et l'escalade de violence monta très rapidement.

— Tu n'as pas le droit de m'enfermer!

— J'ai tous les droits, c'est moi la mère!

— Tu n'as pas tous les droits, moi aussi j'en ai!

— Ferme ta gueule, tout de suite!

— Non! Je ne la ferme plus, je ne la fermerai plus jamais! Je vais appeler la protection de la jeunesse pis ils vont voir ce qui se passe ici! Je suis écœurée de toi!

—Parle-moi pas de même ma p'tite crisse!

— Je te parle de la même manière que tu me parles, pis si tu me touches encore, je vais me défendre, m'as-tu comprise?

— Ha bien tabarnac!

Amanda entendit le tiroir de cuisine ouvrir et les ustensiles brasser. Puis la porte de la chambre s'ouvrit. La mère se rua avec une grosse cuillère de bois et se mit à frapper ardemment sa fille. Amanda sombra dans un souvenir pénible et eut à combattre intérieurement pour ne pas s'effondrer comme dans la salle de bain plusieurs années auparavant. Elle se replia instinctivement sur elle-même pour se protéger la tête et attendit. Elle était beaucoup plus dure qu'à six ans et elle encaissa tous les coups sans pleurer. Elle sentit le rond de la cuillère s'enfoncer dans ses côtes, mais ne broncha pas. Pas un son ne sortit de sa bouche. Puis les coups ralentirent et cessèrent. Elle laissa sa tête entre ses bras au cas où les coups pleuvraient à nouveau. La porte de la chambre se referma et Amanda regarda entre ses deux bras pour voir si la situation était sous contrôle. Sa mère s'effondra en larmes de l'autre côté de la porte se plaignant qu'elle n'en pouvait plus. Amanda ressentit du mépris pour elle. Ginette tenta de consoler sa mère, mais plus elle faisait des efforts moins elle y parvenait. Elle entra dans la chambre à son tour. Amanda l'attendait de pied ferme.

— Toi ma tabarnac, si tu es ici pour me frapper comme elle, tu peux repartir parce que cette fois-là c'est toi qui vas te ramasser à terre. Tu n'as pas ton plâtre sur le bras pour fesser comme quand qu'on était petites. C'est d'égale à égale pis je te jure que tu vas arriver deuxième...

— Tu la méritais ta volée, tant pis pour toi!

Ginette prononça ces derniers mots sur le seuil de la porte de la chambre et la referma aussi vite, elle savait que Amanda disait vrai et elle avait peur que celle-ci fonce sur elle. La respiration de Amanda changea. Elle grognait. Elle était dans l'état d'un animal qu'on a trop traqué. Elle faisait les cent pas dans la chambre et elle était prête à n'importe quoi pour survivre. Ses grognements firent peur à sa mère et à sa sœur et ensembles, elles mirent des meubles devant la porte de la chambre pour ne pas qu'elle puisse en sortir. Amanda n'était plus elle-même et elle rageait. C'était l'aboutissement de plus de douze années de martyr et maintenant, plus rien d'autre que la violence ne l'habitait. Elle entendit d'autres glissements sur le plancher et devina que sa mère et sa sœur n'en finissaient plus de glisser des meubles de l'autre côté pour empêcher Amanda de sortir. Elle tenta tout de même de pousser la porte, mais n'en vint pas à bout. Elle ragea en silence. Elle se retourna et regarda la fenêtre. Elle était beaucoup trop haute. Elles habitaient un sous-sol et la fenêtre ressemblait vraiment à celle d'une cave. Malgré cela et soudainement envahie par l'instinct de survie, Amanda, dans un envol spectaculaire, s'élança en mettant son chandail vis-à-vis son visage et traversa ainsi la fenêtre la tête première. Les morceaux de vitres s'accrochèrent un peu partout sur son corps frêle et ses vêtements. Elle ne réalisa pas qu'elle s'était coupée le long des deux jambes pour réussir à sortir complètement de sa fâcheuse position. Elle se releva tout ensanglantée et se mit à courir tout comme elle avait dû courir quelques années auparavant. Elle quitta sa mère de la même manière qu'elle avait quitté son père, en courant le plus vite possible, terrorisée par tout ce qu'on lui avait fait subir. Elle n'aurait plus jamais de parents.

Le propriétaire du dépanneur sur le chemin Chambly devint vert lorsqu'il vit Amanda entrer dans son commerce et il téléphona immédiatement aux policiers pour signaler un accident grave. Amanda, essoufflée, lui faisait signe que non avec ses bras les mots sortant péniblement de sa bouche. Après quelques essais, elle réussit tout de même à expliquer que ce n'était pas un accident qui l'avait magané de la sorte, mais plutôt sa mère. L'homme s'effondra et rétorqua qu'il ne savait pas quoi faire. Avec une voix affaiblie par la perte subite de sang, Amanda lui indiqua ses pieds.

— Mes bas monsieur, mes bas!

— Tu n'as pas de souliers! Tu as froid?

— Non! Enlevez mes bas, les numéros de téléphone sont dedans.

— Hein?

L'homme lui retira ses bas ensanglantés et le carton resté collé au pied de Amanda finit par tomber par terre. Il prit le carton et composa nerveusement, mais rapidement le premier numéro indiqué. La vision de Amanda bascula et elle perdit connaissance. Son calvaire serait peut-être enfin terminé. Peut-être pourra-t-elle vivre normalement comme la plupart des enfants. La violence peut faire très mal, mais il arrive parfois que l'âme continue à espérer malgré que le corps soit détruit...Amanda se donnera-t-elle le droit d'espérer?

Les Cahiers de Manda

CAHIER 15

Seulement quatre mois en famille d'accueil et des changements remarquables étaient survenus. Amanda était calme, rassurée et studieuse. Elle était toujours en secondaire trois dans une classe spéciale pour jeunes en difficulté. Elle avait beaucoup pleuré lorsque la travailleuse sociale lui avait expliqué qu'elle devait être dans cette classe. Elle avait honte et ne voulait pas être avec ces autres enfants qui avaient des handicaps évidents. La travailleuse sociale avait promis à Amanda de la réintégrer dans une classe normale dès qu'elle atteindrait ses objectifs. Amanda se concentra sur ce qu'elle avait à faire si bien qu'après trois semaines, les professeurs furent forcés d'admettre que les problèmes de Amanda n'étaient pas d'ordre mental, mais familial. Amanda réintégra une classe normale. Elle était meurtrie par la vie, mais fière et surtout pleine d'espoir. Elle fracassait des records et passait de longues heures à étudier. Elle réussit son secondaire trois et fût intégrée au secondaire quatre la même année. Elle s'impliqua dans les activités de la polyvalente et commença à se faire des amis stables. Elle découvrait enfin le bonheur d'un quotidien rassurant et bien encadré.

C'est les mains moites que Amanda se présenta au foyer St-Antoine de Longueuil comme prévu. Elle avait demandé à la travailleuse sociale de la remettre en contact avec sa grand-mère. Elle s'ennuyait terriblement d'elle et était inquiète, car elle ne l'avait plus revue depuis la mort de son grand-père quelques mois auparavant. Sa grand-mère l'accueillit les bras grands ouverts.

— Ha! Ma p'tite fille! Approche que je te regarde de plus proche…Ha! Mon Dieu…C'est quoi ça?

— Quoi grand-maman qu'est-ce que j'ai?

— C'est tes yeux…Ils sont beurrés de noir, ça fait peur sans bon sens!

— C'est la mode « Boy George », tu n'aimes pas ça?

— Je ne sais pas qui c'est, ton « Boy Georges », mais il ne doit pas être beau à voir! Je ne veux pas que tu viennes me voir avec des yeux de même…Et tu vas faire peur à tout le monde icitte!

— Ouais… OK d'abord…Madame Labbé m'a dit exactement la même chose, j'en mettrai plus, c'est promis.

— Enlèves-en tout de suite, regarde sur mon grand bureau, prends le pot de crème pis des mouchoirs…Ta madame Labbé…Hum, c'est là que tu restes? Pourquoi tu es là?

— C'est une famille d'accueil grand-maman.

— As-tu vu ta mère dernièrement?

— Non, Grand-maman, ça ne marche pas du tout moi pis elle.

— Tu sais, tu as juste une mère…

— Ben oui, pis elle, elle a juste une fille…

— Bon… On va changer de sujet, je pense…Comment ça va à l'école?

— Super! Regarde, j'ai une surprise pour toi…C'est mon dernier bulletin…Pas une note en bas de quatre-vingt-dix!

— Ha ouais! Ma petite fille je suis fière de toi! As-tu montré ça à ton parrain?

— Non, mais j'ai hâte!

— Approche ma grande que je te serre vu que tu n'es plus beurrée…Ha si ton grand-père avait vu ça! Ne lâche pas, tu vas peut-être t'en sortir.

Les yeux remplis de larmes, elles décidèrent de jouer aux cartes. Amanda brossa ensuite les cheveux de sa grand-mère et elle quitta le foyer le cœur rempli de bonheur. Elle répéta cette expérience trois fois par semaine avec la bénédiction de la famille d'accueil et de la travailleuse sociale.

L'atmosphère de cette nouvelle famille renforçait encore plus le désir de Amanda de réussir. La plus vieille des filles, Judith, entrait à l'école de médecine de Sherbrooke et la plus jeune des filles, Suzette, partait étudier en informatique. François partit quelque temps après en résidence pour étudier l'administration. Tous étaient réunis les fins de semaine et encourageaient Amanda à poursuivre ses études afin d'entrer au Cégep. François lui expliqua tout le processus des prêts et bourses. Amanda rêvait à nouveau. Quelque chose immergeait d'elle depuis plusieurs années déjà et elle se demanda si elle ne devrait pas recommencer à écrire tout ce qu'elle ressentait. Elle garda tout de même ses projets secrets. Elle n'osait pas encore exprimer l'élan qui l'habitait et elle avait durement appris jusqu'ici qu'il n'est pas toujours permis de rêver.

Après plusieurs mois d'évolution, Amanda était motivée à trouver son premier emploi. Elle fût ravie lorsqu'elle lut la petite annonce dans le journal. Cet emploi lui permettrait de travailler dehors, d'être en contact avec les gens et elle perfectionnerait son anglais. Elle était irrésistiblement attirée par cet emploi. C'est ainsi qu'elle se retrouva à vendre de la crème glacée pour la compagnie « Dickie Dee » sur une bicyclette équipée d'un congélateur. Elle avait un secteur de choix dans l'ouest de Montréal juste en avant du bureau de change. Elle vendait tellement de délices glacés qu'elle devait retourner à l'entrepôt de la compagnie plusieurs fois par jour pour faire le plein. Durant la semaine, elle restait où étaient les plus gros édifices et vendait tout ce qu'elle avait aux Anglais qui succombaient à son charme et à son accent. Les fins de semaine, elle roulait un peu partout sur la rue Ste-Catherine en faisant retentir les clochettes de sa bicyclette et en criant à tue-tête : *« Ice cream, crème glacée, ice cream! Taste it! »* Lorsque le dimanche arrivait, elle n'avait plus de voix, mais était fière d'avoir les poches pleines. Elle mettait absolument tout son argent à la banque, car elle en aurait besoin pour ses études. La découverte d'une possible autonomie la faisait frémir de joie. Maintenant qu'elle avait goûté à cela, elle ne serait jamais condamnée à vivre comme sa mère. Une vie d'adulte responsable s'offrait à elle et elle avait bien l'intention de mordre à pleines dents dans celle-ci. Cette autonomie lui fit également prendre conscience que sa complicité avec François ne la satisfaisait plus. Elle attendait autre chose d'une relation et elle voulait voir plus loin ne se contentant plus de vivre un jour à la fois comme il le disait souvent. Elle avait des projets de vie et elle s'éloigna de plus en plus de lui.

CAHIER 16

À quinze ans, Amanda était enivrée par le désir de faire de l'argent. Elle omit encore une fois son repas du midi pour passer plus de temps à vendre ses produits. Il lui arrivait parfois d'en manger un peu, mais pas cette fois-ci. Elle voulait se ramasser suffisamment d'argent pour suivre des cours de conduite. La polyvalente qu'elle fréquentait à Longueuil offrait des rabais à ses étudiants désireux d'apprendre la conduite automobile et elle devait absolument s'inscrire en septembre en même temps que les autres étudiants. Le soleil plombait. La fatigue physique et la faim firent leur œuvre. Amanda n'eut pas le temps de réaliser ce qui se passait. Elle sentit seulement son menton cogner sur le rebord du congélateur lorsqu'elle tomba. Elle entendit quelqu'un crier *« De l'eau froide! Apportez de l'eau! »,* mais elle resta incapable de réagir. Quelques instants après, lorsqu'elle ouvrit enfin les yeux, elle constata ce magnifique homme penché légèrement sur elle qui s'adressait à elle avec tendresse.

— Coquine va! Tu m'as foutu une de ces trouilles!

Amanda figea, elle se demanda si elle avait affaire à un ange. Il était tellement beau! Elle n'avait jamais été attirée par les blonds, mais lui, était d'une beauté exceptionnelle. Il parlait d'une voix douce et mielleuse dans un accent d'un français impeccable. Amanda se demanda si elle était morte.

— Tu te sens mieux maintenant? Assieds-toi doucement. Tu veux une de tes glaces? Je suis certain que cela te ferait du bien…Tiens, mange! Tu trembles?

— J'ai soif, donne-moi ça…C'est quoi ton accent?

— Je viens de Paris…Mais ne t'occupe pas de moi…Dis-moi ce qui t'arrive.

— J'ai oublié de manger…En fait, je n'ai pas oublié, mais je n'ai pas eu le temps…

— Tu veux qu'on aille manger peut-être?

— Ha non! Je n'ai vraiment pas le temps!Pis ça coûte cher en plus…

— Comment ça ! Ça ne coûte pas cher de se nourrir ici au Québec! Et puis, tu ne peux pas sauter des repas comme cela, écoutes…Si tu viens manger avec moi, je te promets que je vais vendre toutes tes glaces moi-même par la suite. Et puis à quoi bon faire de l'argent si tu meurs de faim le jour même? J'arrive tout juste du bureau de change et mon père m'a envoyé de l'argent, regarde...c'est moi qui t'invite!

— Ton père te donne de l'argent! Wow! C'est qui ton père? Et toi, c'est quoi ton nom?

— Je me nomme Pierre Belzer et aujourd'hui je m'occupe de toi! Je t'expliquerai par la suite...Enfin...Si tu veux...

Ils partirent ensemble et Pierre en bon gentleman, s'occupa de la bicyclette et Amanda marcha à ses côtés. Ils laissèrent le congélateur dans l'entrepôt avec la permission du patron et prirent ensuite un taxi pour remonter la côte jusqu' à la rue Sherbrooke. Ils se rendirent dans un petit restaurant que Pierre fréquentait régulièrement et se commandèrent des croissants au fromage et du café. Après lui avoir raconté ses raisons de travailler ainsi, Amanda commença à s'endormir à la table.

— Je crois que tu fais une insolation...

— Ça se peut, je ne sais pas, je ne me sens pas très bien à vrai dire...

— Il te faut du sommeil... Tu vas dormir chez moi et pendant ce temps, je vais vendre tes glaces et je te jure que je te donnerai tout l'argent...

— Ça! Penses-y même pas! Je ne vais pas dormir chez toi... Je ne te connais même pas! Qu'est-ce qui me dit que tu n'es pas un tueur en série?

— Un tueur en série! Ça ne va pas! Je te sauve la vie et toi tu me traites de tueur en série?

— Je ne dis pas que tu en es un, mais que tu pourrais en être un.

— Bon...Je comprends, tu es une fille prudente, ça se comprend et c'est bien.

Pierre griffonna son numéro de téléphone sur le coin napperon du restaurant et le détacha. Il indiqua à Amanda qu'il y avait une cabine téléphonique juste à côté de la porte du restaurant.

— Téléphone à ce numéro et demande pour parler à Johanne.

— C'est qui elle?

— C'est ma colocataire, elle est infirmière, tu peux lui poser toutes les questions que tu veux pour te rassurer, tu peux aussi lui demander que faire pour ton insolation, je crois qu'elle n'a pas de cours aujourd'hui.

Amanda savait qu'elle ne pouvait pas retourner dans sa famille d'accueil dans cet état. La dame ne l'aurait pas laissée continuer à travailler pour cette compagnie et elle voulait de l'argent à tout prix. Elle décida donc d'accepter l'offre de Pierre et se leva pour vérifier ses dires. Johanne lui confirma connaître Pierre et l'invita à son tour. Elle alla dormir chez lui pendant une bonne partie de la journée. Elle l'entendit discuter avec Johanne dans la cuisine.

— T'as vu comment elle est jolie... Merde... C'est la plus belle fille que j'ai vue de toute ma vie!

— Voyons Pierre, tu ne la connais même pas...

— C'est une fille bien, je te dis! J'en suis sûr! Juste à la regarder! Tu as entendu comme elle parle, elle est si douce... Tu as vu comment elle marche? On dirait une elfe!

— Bon, bon, bon...Toi si tu n'es pas déjà en amour, je n'en veux rien.

— C'est plus que ça Johanne...C'est le coup de foudre! Je suis fou d'elle!

— Et bien, si tu commençais par tenir ta première promesse, te souviens-tu? Il faut que tu vendes toute sa crème glacée et il est déjà deux heures...Alors...Si tu veux lui prouver ton amour...C'est le temps!

— C'est ce que je vais faire...Tout de suite!

Amanda entendit vaguement la fin de leur conversation et elle sombra dans un sommeil profond. Plusieurs heures passèrent.

— Coucou ma jolie…Réveille-toi.

— Ha! Allô!

— Tu as bien dormi?

— Dur comme une bûche!

— Comme une bûche? Ha! C'est une autre de vos belles expressions du Québec, c'est ça?

— Oui, c'est ça… Quelle heure est-il?

— Un peu tard, mais ça ne fait rien, l'important est que tu sois en forme.

— C'est le cas, je pète le feu…Oui! Encore une de nos belles expressions!

— Regarde ce que j'ai préparé.

Amanda se pencha sur le bord du lit et constata qu'il y avait un cabaret plein de nourriture par terre. Pierre le mit dans le lit.

— Je ne mangerai jamais tout ça!

— Tant mieux! Je voulais justement manger avec toi! Tiens, des croissants frais, du fromage et des fruits...Ça c'est du café, du vrai! Goûte, tu verras que ce n'est pas du café en poudre...

— Moi non plus je n'aime pas le café instant, j'appelle ça de l'eau de vaisselle!

— Ha! Mademoiselle la Québécoise connaît les bons cafés alors?

— Oui Monsieur le français, espresso, capucino, mais mes préférés sont les cafés au lait, tu sais ceux qu'on sert dans un bol?

— Oui, je connais et à tes ordres princesse, la prochaine fois je te servirai un café au lait...Dans un bol!

— La prochaine fois! Tu ne t'attends pas à ce que je tombe dans les pommes tous les jours franchement?

— Si! Tu vas tomber pour moi. Tu vas tomber éperdument amoureuse de moi, je vais t'épouser et on aura plein de petits gosses qui auront tous ton joli minois!

— Finalement, je pense que c'est toi qui fais une insolation! En plus, tu ne sais même pas d'où je viens!

— Tu sauras que mon cerveau fonctionne parfaitement et souviens-toi bien de ce que je te dis aujourd'hui parce que c'est ce qui va arriver. Mais si tu veux m'expliquer qui tu es et d'où tu viens, je n'ai aucune objection et si tu tentes de me dissuader je vais devoir t'ensorceler!

— Fudge! Il faut que je téléphone à Mme Labbé.

— Madame Labbé fait du fudge? Qui est-elle? Pourquoi lui téléphoner?

— C'est ma famille d'accueil, on a une entente elle et moi, elle me laisse beaucoup de liberté à condition qu'elle sache toujours où je suis et avec qui.

— Je vais chercher le téléphone.

Amanda prévint rapidement la dame en question tout en lui cachant qu'elle avait perdu connaissance.

— Oui, je le sais... Je suis pas toute seule avec lui, je vous le jure... Johanne est là aussi et son chum va arriver tantôt...Oui c'est ça, elle étudie pour être infirmière... Ça va me faire proche pour travailler demain... 274...4433...Oui c'est ça... À demain... Non! Il n'est pas de même! Oui d'accord... À demain.

Amanda avait facilement convaincu Mme Labbé qu'elle était en sécurité et gagnait ainsi la permission de découcher. Ils finirent leur repas et décidèrent d'aller se promener en ville. Pierre ne cessa de lui louanger son amour. Il s'agenouilla devant une église et demanda à Amanda de l'épouser sur-le-champ.

— Écoutes! Tu es bien beau, tu es bien fin, mais là, il faut que je t'explique des affaires. Viens, on va aller s'asseoir pis je veux que tu m'écoutes comme il faut, OK?

— À tes ordres princesse!

— Pis arrête de m'appeler de même!

— D'accord princ…Oups…Désolé.

— Bon! Là, écoute, mon premier problème est que je suis mineure…Le deuxième est que je suis sur la protection de la jeunesse…Le troisième est que j'ai mis des efforts complètement fous à réussir à avoir un peu de liberté, donc j'y tiens…Le dernier problème est que je veux réussir mes études à tout prix…On ne peut pas se marier, tu comprends?

— Oui, je comprends absolument tout et ça me fais t'aimer encore plus, je vais t'attendre, toute une éternité s'il le faut, je finirai par t'épouser un jour ou l'autre. En attendant, est-ce que tu acceptes de me fréquenter?

— On ne se connaît pas Pierre! Tu ne m'as rien dit sur toi.

— D'accord... Ma mère est française, mon père est allemand et possède une grosse société et nous sommes installés à Paris sur la rue de La Fontaine-Roi. J'ai grandi dans la ouate, j'ai toujours eu mon père pour tout et maintenant je suis parti découvrir le monde. J'ai visité plein de pays et maintenant je suis ici, j'aimerais y passer un an ou deux, y travailler, être autonome sans rien demander à mon père. Après, je vais m'acheter un voilier et faire le tour du monde de par les océans. Je veux devenir océanographe! Je veux également fonder une famille avec une fille comme toi...

— Bon... On se calme le pompon! Je te crois. C'est génial tout ce que tu me dis et moi aussi j'ai des rêves pour mon avenir, mais c'est bien compliqué pour moi, si je ne marche pas les fesses serrées, je risque de me retrouver à l'école de reforme. Un seul faux pas et hop! Déjà que je suis étiquetée pour le reste de mes jours...Tu comprends?

Plus la bouche de Pierre approchait la sienne et moins elle était capable de combattre et de se raisonner. La conversation mourut dans un tourbillon de baisers entrelacés et parsemés de promesses et de louanges. Ils ne se quittent plus des yeux. Amanda découvrait enfin ce qu'était le vrai amour au-delà de toute espérance et de toute crainte. Les jours et les semaines passèrent.

Quelques jours plus tard, Amanda dut mettre un terme à sa relation avec François qui encaissait mal le coup et Amanda resta une bonne partie de l'été chez Pierre. Ils s'aimaient comme des fous. Madame Labbé était d'accord avec les décisions de Amanda, mais devait aussi consoler son fils, ce qui était un peu plus aisé en l'absence de Amanda. Elle était convaincue que la situation se tasserait d'ici le retour en classe de tous. Johanne et Amanda s'entendaient à merveille malgré leur écart d'âge et elles passaient leur plus clair du temps à parler d'études et d'avenir. Tristan, le conjoint de Johanne tentait de faire de Pierre un admirateur des « Canadiens de Montréal ». La pré-saison allait bon train et Pierre connaissait maintenant presque tous les sacres du Québec.

Pierre s'acheta une automobile et les deux couples d'amis se rendirent à New York. Amanda n'avait jamais vu une ville aussi impressionnante que celle-là. Ils allèrent manger dans « Central Park ». L'été achevait et Amanda en profitait pour se coller sur son bien-aimé. Les quatre amis revenus au Québec, ils décidèrent de se promener à travers la province et d'y découvrir les paysages d'automne. Après la Mauricie et les Hautes-Laurentides, les feuilles changèrent rapidement de couleurs. C'est dans cette atmosphère de voyage à l'aveuglette que Amanda eut un choc. Elle avait déjà raconté à Pierre qu'elle venait de Danville, dans les Cantons-de-l'Est et qu'elle s'ennuyait terriblement de sa sœur cadette, mais elle avait caché les véritables raisons de son départ subit en 1978. Elle avait préféré taire une partie de son passé, car elle voulait être aimée sans pitié. Elle dormait sur l'épaule de Pierre.

— Réveille-toi princesse…On y est presque et tu dois nous indiquer le reste du chemin.

— Arrête de m'appeler de même! Quel chemin? On est où là?

Amanda regarda par la fenêtre de l'auto et se demanda si c'était un cauchemar. Elle se brassa la tête vigoureusement de gauche à droite. L'enseigne lumineuse du restaurant « Pizza Plus » à Danville lui fit couler une larme tellement sa vision n'était pas ajustée à la clarté.

— Qu'est-ce qu'on fout à Danville?

— On voulait te faire une surprise et tu as dit que tu t'ennuyais de ta sœur… Et si je veux t'épouser, il faut bien que ton père sache avec qui tu es…Non?

Amanda resta figée, incapable d'expliquer ce qu'elle ressentait ne le savant pas elle-même. Elle mourait d'envie de revoir sa sœur et ses frères, mais était incapable de verbaliser la peur qui la hantait, son père, cet homme qui l'avait terrorisé pendant tant d'années. Amanda demanda à Tristan qui conduisait de tourner à gauche à la lumière et ils roulèrent dans la noirceur.

— Continue jusqu'au petit pont, mais au lieu d'embarquer dessus, prend le petit chemin à droite, c'est le chemin St-Félix.

— Ouais bien là, ça ne marche pas ton affaire Amanda, il n'y a pas de pont!

— Fudge! Qu'est-ce qui se passe? Où est le chemin?

— Ben voyons, un chemin ne disparaît pas de même Amanda! Tu dors encore ou quoi?

— Je te jure qu'il y avait un chemin là! Arrête!...Tiens regarde en bas, on voit des blocs de ciment, il était là.

— Mais tu me jures qu'on est dans le bon coin, parce que se perdre ici, ce n'est pas vraiment rassurant... Moi la campagne, je ne connais pas ça pis je ne veux pas tourner en rond toute la nuit.

— Oui! Je comprends maintenant...S'ils ont bloqué ce chemin-là, ça veut dire qu'ils en on fait un autre, on va suivre le chemin où on était tantôt.

Amanda avait raison et rapidement elle reconnut les maisons voisines de son enfance. Elle ne voulait pas montrer sa crainte et tentait de rester calme. Elle s'accrochait à l'idée de revoir enfin une partie de sa famille. Elle se cogna le nez sur la porte. Il n'y avait personne et la porte était barrée. Amanda regarda par la fenêtre de la cuisine et aperçu le miroir sur la corniche du poêle à bois. Un voile noir se dressa devant elle et prit la forme d'un corps surplombé d'une tête. Elle tomba comme une guenille. Pierre eut juste le temps de se mettre les mains sous la tête de Amanda pour éviter qu'elle se frappe sur les roches. Amanda n'avait plus le choix, elle devait des explications à ses hôtes. Elle évita les détails se contentant de raconter brièvement et de manière découpée les événements de l'été 1978. Pierre pleurait et ne cessait de répéter qu'il était désolé et qu'il n'était pas au courant. Amanda voulait quitter les lieux, mais tenait aussi à laisser un message à sa sœur.

— On peut aller voir le voisin à côté et lui laisser un mot pour Caroline, et on repartirait?

Les yeux rougis par la fatigue et les pleurs, les quatre aventuriers de la route furent accueillis avec gentillesse par la famille voisine. La mère de famille offrit à Amanda de s'asseoir à la table de cuisine pour écrire la lettre et elle lui apporta une feuille et un crayon. Amanda la regarda et se souvint exactement du même regard qui l'avait accueilli plusieurs années auparavant alors qu'elle avait été cachée derrière les appareils ménagers dans la salle de bain. Puis Amanda se concentra sur sa lettre. Elle ne voulait plus penser à l'été 1978 et ce soir-là dans cette cuisine voisine, Amanda se jura de ne plus jamais remettre les pieds dans Danville. Trop de souffrances la rattrapaient et cela était devenu insupportable. Après une pause raisonnable, tous décidèrent de reprendre la route. Dans l'auto,

Pierre tint précieusement sa dulcinée dans ses bras et ses larmes coulèrent sur le visage de Amanda. Il lui répéta amoureusement qu'il était désolé. Amanda lui confia qu'elle avait eu tort de croire qu'elle pourrait avoir un amoureux et de lui cacher des détails aussi importants de sa vie. Leurs larmes s'entremêlent si bien qu'il était devenu impossible de savoir de quels yeux elles provenaient. Amanda ne cacha plus rien à Pierre et rien de son amour ne fut terni. Il la trouva courageuse.

— Tu verras… Je vais tellement t'aimer, que tu devras me supplier d'arrêter.

CAHIER 17

Septembre 1981, tout était prévu et bien organisé dans le but que Amanda réussisse ses études tout en lui permettant de continuer à fréquenter celui qu'elle aimait. Comme promis elle réintégra sa famille d'accueil à la fin de l'été et Pierre avait la permission de la visiter une seule fois durant la semaine, le mardi soir, jusqu'à huit heures trente. Ils devaient ensuite attendre au vendredi soir pour être ensemble jusqu'au dimanche soir inclusivement. Amanda était aux petits oiseaux. Elle se démenait dans la maison pour prouver à Mme Labbé qu'elle était de bonne foi et également pour la remercier de la confiance qu'elle lui témoignait. Lorsque Amanda était arrivée dans cette famille, elle n'avait pratiquement aucune notion de propreté à part ce que lui avait enseigné sa tante à Brossard. La dame avait dû user de très grande patience pour lui apprendre comment tenir une maison, la pauvre ne savait même pas faire la différence entre un savon à plancher et un savon à linge. Elle était maintenant devenue tellement propre qu'elle en faisait presque une maladie. Elle avait rangé ses précieux livres sur les tablettes de sa chambre. Mme Labbé lui avait fait remarquer qu'elle n'avait pas besoin de tous ces livres et qu'elle pouvait en ranger plusieurs, mais Amanda avait refusé. Elle se sentait bien comme dans une bibliothèque. Elle changea l'ampoule de sa lampe, car elle voulait qu'elle soit propre pour commencer son année scolaire puis elle replaça la photo de son amour sur son pupitre. Elle vérifia son sac d'école une dernière fois, plaça sa blouse sur un cintre et frotta ses mocassins avec un linge. Elle était prête. Le lendemain serait le premier jour d'une année importante, car elle aurait à finir son secondaire quatre et cinq dans la même année. C'était son objectif et elle savait qu'elle réussirait. Elle l'avait toujours su. Elle irait également voir sa grand-mère le lendemain après-midi pour lui raconter ses projets et lui dire qu'elle aimait un garçon bien. Elle savait qu'elle lui ferait un peu la morale pour finir par lui demander : « *Est-ce que tu l'aimes?* » Amanda se garderait bien de raconter les détails qui pourraient scandaliser sa grand-mère, mais elle lui dirait à quel point elle était follement amoureuse.

Mardi 15 septembre 1981, quatre heures quarante-cinq Amanda déposa son sac sur le fauteuil en entrant et se dépêcha à raconter sa journée à Mme Labbé. Elle entra dans la cuisine.

— Ben voyons, vous êtes bien blême!

— Assieds-toi ma grande, il faut que je te parle…

— C'est ma grand-mère, c'est ça?

— Comment sais-tu ça? Quelqu'un t'a téléphoné à l'école?

— Elle est morte hein? C'est ça?

— Oui ma grande, elle est, morte. C'est la travailleuse sociale qui a téléphoné pour me le dire. Comment ça se fait que tu sois au courant?

— Non, personne n'est venu à l'école. J'étais dans mon cours de français, pis là je n'arrêtais pas de voir le visage de ma grand-mère dans ma tête pis là tout d'un coup, ça m'a fait mal ici. Et ensuite je me sentais toute légère, je suis restée dans la lune pendant longtemps, jusqu'à tant que la cloche sonne.

Amanda avait laissé sa main droite sur le centre de sa poitrine à l'endroit où elle avait ressenti tout cela et épargna les détails, car lorsqu'elle voyait des choses étranges aussi belles soient-elles, elle voyait aussi d'autres êtres qu'elle aurait préféré ne jamais connaître l'existence. Les portes de l'au-delà ne sont pas gardées uniquement que par des anges blancs et certaines créatures restent à l'affût prêtes à sauter sur une âme égarée. Amanda le savait, mais préférait taire cet aspect qui avait également terrorisé sa pauvre tante quelques années auparavant.

— Tu sais Amanda, ça arrive des fois, des affaires de même, j'ai vécu ça avec ma mère l'an passé, c'est bizarre, mais je crois que ta grand-mère a voulu t'avertir de quelque chose avant de partir...

— Oui je sais, en tout cas, je peux aller pleurer dans ma chambre maintenant?

— Attends...Reste...Je n'ai pas fini. J'ai autre chose à t'annoncer...C'est dur...

— Quoi? Il faut que je parte, c'est ça? La travailleuse sociale a su pour Pierre pis je vais aller au centre?

— Non. Ça c'est correct même qu'elle approuve...Ce que j'ai à te dire va te faire bien de la peine par exemple, je veux que tu saches que je t'aime vraiment, pis les filles aussi, on s'est attaché à toi sans bon sens.

— Bien là! Arrêtez, vous me faites peur!

— Tu sais Amanda, ce n'est pas pour rien que la travailleuse sociale a téléphoné vite comme ça pour annoncer la nouvelle, c'est ta mère qui a demandé à ce que le message passe rapidement...

— Ouais, pis?

— Elle a aussi donné l'ordre que tu ne te présentes pas au salon, ni au cimetière, elle ne veut pas te voir auprès de ta grand-mère.

— C'est impossible! Pas ma grand-mère, elle n'a pas le droit de faire ça! C'est pour se venger! Elle est jalouse parce que Grand-papa et Grand-maman m'ont toujours aimée! Je la déteste! C'est elle qui aurait dû crever! Je vais appeler ma travailleuse sociale pis je vais lui faire avaler ses ordres à l'autre! Je veux voir ma grand-mère!

— Ne parle pas comme ça ma belle, tu te révoltes là, ça ferait de la peine à ta grand-mère de te voir comme ça.

Amanda s'effondra sur le comptoir de la cuisine. Sa colère passa par les larmes et les cris stridents, tellement stridents que la voisine Mariette accourut. Elle tenta de la consoler à son tour le temps que Mme Labbé reprenne ses esprits elle aussi.

— Amanda, écoute-moi, je pense que c'est ça que voulait te dire ta grand-mère, elle sait à quel point tu l'aimes, elle sait que ta mère ne veut pas que tu ailles là-bas, alors c'est elle qui est venue à toi, elle voulait te dire adieu et te dire qu'elle t'aime.

— Vous pensez?

— J'en suis convaincue.

— Ha! Que je vous aime vous! Ça pas d'allure!

— Moi aussi je t'aime ma grande...

Il y avait juste une telle femme pour réussir ce qu'elle venait d'accomplir, du haut de son maigre cinq pieds, elle avait été à la hauteur comme toujours. Même si les pleurs de Amanda persistaient encore au point de lui donner le hoquet, ils se firent plus doux et moins colériques. Madame Labbé avait réussi à désamorcer la bombe à retardement que Amanda avait dans le cœur étant une jeune fille terriblement explosive, probablement dû à toute la violence qu'elle avait subie. Elle apprenait maintenant à vivre sa peine sans violence. Elle devra toute sa vie revenir à cet instant pour comprendre qu'elle a toujours le choix; s'exposer à la violence de sa mère et devenir aussi violente qu'elle ou vivre cette violence en refusant d'y prendre part. Qui sait peut-être même un jour refuser tout simplement de vivre cela. Pour le moment, elle était mineure et elle n'avait d'autre choix que de se conformer, mais un jour elle pourrait faire ses propres choix et rien ni personne ne pourrait y changer quoi que se soit.

Pierre fut d'un réconfort incroyable. Amanda avait eu la permission de rester dans ses bras jusqu'à dix heures du soir et elle s'endormit un peu avant et c'est lui qui la porta jusqu'à son lit. Il lui laissa un petit mot sur son oreiller : *« Je reviens vendredi comme prévu, téléphone-moi demain, je t'aime »* Amanda trouva le bout de papier chiffonné par ses pleurs de la nuit. Elle le lut et le relut. Elle aimait regarder son écriture particulière. Chaque lettre était séparée comme une écriture script et était faite de petites lignes fines. Il n'y avait aucune rondeur nulle part et Amanda se demanda si cela avait un lien avec ses origines franco-allemandes ou si c'était simplement sa personnalité qui le faisait écrire ainsi. À moitié endormie, Amanda se souvint. Pierre était avec elle la veille et c'était pour cela qu'elle trouvait ce papier. Elle pensa à sa grand-mère et savait qu'elle devait maintenant poursuivre sa route malgré toute sa peine. Elle se leva péniblement et prit une douche chaude pour enlever toutes les marques de tristesse que la nuit avait laissées sur son visage. Malgré sa douleur, elle savait qu'elle n'était pas seule, sa grand-mère était encore plus près d'elle, plus près que jamais et sa mère n'y pouvait rien.

— Allô ma grande!

— Bonjour, merci pour hier.

— Je suis là pour ça, tu ne préfères pas rester à la maison aujourd'hui?

— Non, je dois aller à l'école.

— Tu es bien brave…C'est moi qui te fais ton déjeuner ce matin, je suis très fière de toi Amanda…

— Ha oui?

Amanda déjeuna du mieux qu'elle le put en vivant sa peine le plus humblement possible. Elle finit de se préparer et sortit du logement. À l'arrêt d'autobus, Linda, une copine de classe s'inquiéta du visage de celle-ci.

— Merde! Qu'est-ce que tu as? As-tu des problèmes?

— Ouais, ça va tellement pas! Ma grand-mère est morte pis ma mère m'interdit d'aller à son enterrement. J'ai juste le goût de crier et pleurer!

— Tu n'es pas sérieuse?

— Ouais…Mais j'ai une idée en arrière de la tête… La femme où je reste m'a dit qu'elle regarderait dans le journal et qu'elle me découperait l'annonce de l'enterrement.

— Pis?

— Pis? Je vais pouvoir y aller en cachette s'ils marquent où l'enterrement va se faire! J'ai juste à m'arranger pour que ma mère ne me voit pas!

— Veux-tu que je surveille le journal moi aussi, au cas où elle l'oublierait?

— Tu ferais ça?

— C'est sûr! Pis j'irai avec toi si tu veux!

— Génial, toi tu es une vraie amie!

Amanda réussissait à se concentrer du mieux qu'elle le pouvait durant ses cours, et ce malgré les vagues de tristesse et de colère qui l'envahissaient par moment. Elle ressentait de l'injustice et surtout de l'impuissance face à sa mère.

Vendredi le 18 septembre 1981. Amanda attendait patiemment, mais Pierre n'arrivait pas. Elle était inquiète. Ce n'était pas son genre d'arriver en retard surtout sans téléphoner. Puis le téléphone sonna enfin. Amanda se rua sur celui-ci, persuadée que c'était Pierre.

— Allô!

— Amanda? C'est Tristan.

— Tristan? Comment ça que c'est toi qui appelles, il est où Pierre?

— C'est pour ça que je t'appelle, Pierre n'est plus là.

— Qu'est-ce que tu veux dire?

— Il s'est fait coller sur le pont Jacques-Cartier, mercredi matin, pour une niaiserie, un phare qui ne fonctionnait pas en arrière de son auto. Les policiers lui ont demandé son visa, il était fini depuis la veille, c'est là qu'il s'en allait, au consulat pour le faire renouveler. Ils l'ont embarqué et l'ont emmené à « Bonsecours ». Ils l'ont mis sur le premier vol pour Paris, il est expulsé pour avoir été en territoire canadien sans visa et il n'a pas le droit de revenir avant au moins deux ans.

— Dis-moi que c'est pas vrai Tristan, je t'en supplie.

— Je suis désolée Amanda... Hum!... Amanda?

— Oui...Oui, je suis encore là.

— C'est parce que quand on a été récupéré l'auto, il nous a dit de fouiller dans la garde-robe de sa chambre et qu'on y trouverait une grosse boîte blanche...Il nous a expliqué que c'était un cadeau qu'il t'avait acheté et il était censé te le donner en fin de semaine...Il veut que tu viennes le chercher...

— Est-ce que je peux y aller tout de suite?

— Bien oui! Viens souper avec nous autres, ça va te faire du bien!

Amanda ne voulait pas entendre ses émotions et ne voulait pas entendre son cœur battre à tout rompre. Elle monta le volume de son baladeur et les « Beatles » envahirent ses pensées. L'autobus embarqua sur le pont; ce maudit pont qu'elle détestait tant et qui lui avait aussi volé son amoureux. Toujours sous le rythme effréné de la musique, elle arriva à la station « Papineau » et se dirigea vers « Berri de Montigny ». Elle utilisa son transfert direction nord-ouest et débarqua enfin. Elle refusa gentiment l'invitation de ses deux amis, car elle restait incapable de s'exprimer sur ses sentiments. Elle reprit le trajet en sens inverse avec la boîte blanche sur ses genoux. Elle ne l'avait pas ouverte. Elle en était incapable. Une fois dans sa chambre de la rue Vianney, elle n'était toujours pas capable de l'ouvrir, elle ne fit que pleurer et pleurer. Elle rangea la boîte précieusement dans sa garde-robe et décida qu'elle l'ouvrirait quand elle se sentirait prête.

C'était le jour de l'enterrement. Amanda s'était arrangée avec Linda et elles se rencontrèrent à mi-chemin. Elles prirent l'autobus en silence. Linda respectait la peine de Amanda. Elles débarquèrent comme prévu au coin du Boulevard Curé-Poirier et firent encore quelques pas sous la pluie pour entrer dans un restaurant. Linda alla chercher deux cafés.

— Est-ce que ça va aller?

— Oui Linda, c'est génial, regarde, on va tout voir ce qui se passe dans le cimetière, j'ai l'impression d'être là tellement c'est proche!

— C'est ma mère qui m'a donné cette idée-là quand je lui ai dit que ta grand-mère serait enterrée ici. Elle m'a demandé si je me souvenais de l'enterrement de ma grand-mère, je lui ai dit que non, j'étais trop petite; elle m'a ensuite raconté que j'ai pleuré tout le long de l'enterrement, pas pour ma grand-mère, même si je l'aimais bien, mais plutôt à cause de l'odeur des patates frites qu'on pouvait sentir jusque dans le cimetière. Je n'arrêtais pas de pleurer pour en manger. Ça finit que presque toute la famille est venue ici après l'enterrement…

Amanda éclata de rire. Linda avait réussi à la faire rire dans une situation triste sans bon sens; elle était vraiment une bonne amie.

— Regarde! Je pense que c'est eux autres…

— Coup donc, tu ne m'avais pas dit à quel point vous êtes une grosse famille!

— Oui, pis tout le monde aimait ma grand-mère…Regarde! C'est mon parrain…Le premier en avant…Maudit que j'aimerais ça lui parler…

Malgré la peine qu'elle ressentait, Amanda était contente d'être là. Elle ne regretterait jamais ce moment précieux, elle savait que sa grand-mère était là, elle le sentait. Elle regarda sa mère de loin et elle lui sembla totalement étrangère. Comment pouvait-elle changer de personnalité aussi radicalement?

— Des fois, Linda, j'ai l'impression que ç'a sauté une génération…

— Je ne comprends pas. Qu'est-ce que tu veux dire?

— Je n'ai pas l'impression d'être la fille de ma mère, j'ai l'impression d'être la fille de ma grand-mère...

— Hein?

— Pas pour de vrai... Juste dans mon cœur; ma grand-mère a toujours été comme une mère pour moi, ma mère elle...

— Ha!, c'est sur, vu de même! Qu'est-ce que tu fais?

— Une prière pour ma grand-mère...

— Moi, je ne crois pas à ça ces affaires-là...Mais si toi ça te fait du bien...Pourquoi pas, veux-tu que je prie moi aussi?

— Pas besoin, c'est correct Linda.

— Bon là, il faudrait vraiment qu'on parte Amanda, avant que tout ce monde sorte du cimetière.

— On attend juste un peu encore...

Amanda plongea dans ses souvenirs. Elle pouvait sentir l'air salin de Métis-Sur-Mer. Elle entendait presque les vagues venir mourir violemment sur la grève tellement ses souvenirs étaient clairs. Ses grands-parents l'avaient emmené si souvent avec eux dans le bas du fleuve qu'elle se souvenait de tous les moindres détails. La voix de Linda la fit sursauter et l'air salin redevint une odeur de vinaigre et le bruit des vagues redevint du bruit tout court.

— Bon là, c'est sérieux, ils sortent du cimetière envoie! Il faut y aller, je ne veux pas que tu aies du trouble avec ça!

— J'ai envie…

— Ce n'est pas le temps d'avoir envie!

— Ça urge trop, il faut que j'aille aux toilettes…

— Dépêche!

Amanda ressortit de la salle de bain du restaurant et entendit la voix de sa mère. Elle était au comptoir et commandait deux grosses frites. Elle entendit Ginette qui demandait d'ajouter du vinaigre. Amanda prit une grande respiration et cacha sa tête sous le capuchon de sa veste de coton et passa directement en arrière de sa mère et sa sœur. Elle sortit du restaurant. Linda l'attendait près du mur et était très inquiète.

— Pis? Comment ç'a été?

— Elle ne m'a même pas vue! Elle ne m'a même pas sentie! J'ai passé dans son dos pis elle n'en a même pas eu connaissance!

— Une chance que tu avais ce chandail-là?

L'autobus arriva. Il pleuvait à boire debout et les deux filles s'empressèrent d'y embarquer en se secouant...

— Viens-tu au centre d'achat?

— Non. Mme Labbé va s'inquiéter si je ne rentre pas, elle ne sait rien d'aujourd'hui, il faut que je rentre.

Amanda était incapable de lui mentir et lui raconta sa journée sachant très bien qu'elle ne la jugerait pas. La dame fût surprise et fâchée du comportement de Amanda puis, après avoir entendu toutes les précautions que les deux filles avaient prises pour ne pas se faire voir, la tension redescendit d'un cran. Madame Labbé finit par lui conseiller de la consulter la prochaine fois avant de s'aventurer dans une telle situation.

CAHIER 18

Plus rien n'allait. Amanda était dévastée par la tristesse. Les yeux rivés sur la fenêtre de sa classe et partie dans ses rêves, elle s'imaginait que Pierre reviendrait même si elle savait que cela ne se produirait probablement jamais. Il n'était plus là pour l'encourager et il ne l'attendait probablement plus. Il avait dit à Tristan de lui dire qu'elle recevrait sous peu une lettre avec son adresse et son numéro de téléphone à Paris, mais elle n'avait jamais reçu cette lettre. Il ne pensait déjà plus à elle, c'était certain. Elle n'était plus sa princesse. Elle rêvait aussi qu'elle irait voir sa grand-mère après l'école, qu'elle jouerait aux cartes avec elle et qu'elle accuserait sa grand-mère d'avoir triché. Celle-ci exigerait d'elle qu'elle lui brosse les cheveux pour une telle impolitesse. Mais sa grand-mère n'était plus là. Amanda n'était plus sa petite-fille, ni la fille de sa mère et ni la fille de personne. Elle rêvait à son petit frère Eddy qu'elle n'avait pas vu depuis plus d'un an et qui finirait sûrement par l'oublier lui aussi. Comment se souviendrait-il d'une sœur qu'il n'avait presque pas connue? Son frère Claude avait été placé dans un centre pour délinquants et toutes visites lui étaient interdites. Elle se demanda si Caroline pensait encore à elle. Cela faisait deux mois qu'elle n'avait plus de lettre d'elle. Il y avait Ginette, mais elle préférait avoir sa mère pour elle seule de la même manière que sa mère préférait avoir qu'une seule fille. Elle n'avait plus personne.

La cloche retentit et elle changea de local machinalement. Elle entra dans le cours de méthodologie de travail intellectuel. Le titre du cours lui pesait tellement fort sur les épaules qu'elle hésita à y entrer. Elle serait tellement mieux étendue sur la pelouse de la polyvalente à rêver à son prince charmant, mais un tel comportement l'expédierait en maison de correction jusqu'à ses dix-huit ans et il n'en était pas question. Michel Bigras, le professeur remarqua que Amanda n'était pas dans son état normal. Elle n'était plus la jeune fille intéressée par tout et qui voulait tout savoir lors de la visite de fin d'année deux mois auparavant. Elle était terne, rabougrie et avait les yeux constamment rivés sur les fenêtres. Il lui demanda de rester pendant la pause. Elle obéit. Michel n'avait que dix minutes pour essayer d'empêcher Amanda de décrocher.

— Qu'est-ce qui se passe Amanda? T'es plus là! Tu veux foirer ton année ou quoi?

— Je n'ai pas le goût d'en parler…

— Je ne te demande pas d'en parler non plus…

— Hein?

— Tu n'as rien compris de la première partie du cours…C'est ça?

— Hum…

— C'est bien ce que je pensais…J'expliquais à toute la classe la méthodologie de classification par fiches. Tu ne peux pas tout garder dans ta tête comme tu le fais et pour toujours, c'est impossible. Un système de fiche, c'est un peu comme une boîte dans laquelle tu peux mettre toutes tes idées. Tu les écris sur des petits cartons et ensuite tu les classes selon l'importance ou par catégorie selon tes besoins. Non seulement ça va te soulager un peu, mais en plus, le jour où tu en auras besoin, tu pourras les utiliser. Ce n'est pas toi qui m'as déjà dit qu'un jour que tu voulais écrire?

— Oui c'est vrai…

— Parfait! Je te conseille fortement de revenir sur terre parce que la deuxième partie du cours sera très importante pour toi. Je sais que présentement, tu n'as rien à quoi t'accrocher, pour le moment en tout cas, alors accroche-toi à cette méthode. Accroche-toi à ton rêve d'écrire. Suis attentivement le cours et je te jure que je vais te donner les bons outils pour être capable un jour d'écrire ce que tu as à dire. Amanda se demanda s'il était un génie ou simplement fou. La deuxième moitié du cours lui donna rapidement sa réponse. C'était clair. Elle avait des choses à dire, mais ne savait pas comment s'exprimer. Elle décida qu'un jour elle les écrirait. Elle prit son premier carton et inscrit : *«Mon livre ».* Elle devint parfaitement assidue au cours de méthodologie. Malgré cet intérêt, Amanda se contentait d'obtenir que les notes de passage dans presque tous les cours. Elle ne mettait plus aucun effort en rien comme si la joie de vivre l'avait quitté.

Amanda rencontra Josée et Nathalie lors des pauses aux cases. Elle se lia doucement à elles sans prendre trop de place comme si sa peine lui envoyait l'ordre de ne pas se lier avec qui que ce soit. Les personnes qu'elle avait aimées étaient toutes disparues d'une manière ou d'une autre. Alors, à quoi bon se disait-elle? Sa mère l'avait rejetée très tôt et avait choisi son mari plutôt qu'elle, la chaire de sa chaire. Elle n'avait plus aucun contact avec son parrain. Ses grands-parents ne reviendraient plus jamais. Elle n'avait presque plus aucun lien avec ses frères et sœurs et Pierre ne pourrait revenir que dans deux ans et n'avait donné aucun signe de vie. Elle était abandonnée par tous.

Amanda accepta l'idée de la travailleuse sociale de se trouver un autre emploi à temps partiel et elle fût embauchée à la première entrevue. Elle travaillait maintenant pour le restaurant « Fritz » aux « Terrasses Mc Gill » à Montréal. Elle portait un uniforme de matelot et aimait bien le contact avec le public, car cela lui permettait de socialiser un peu tout en n'étant pas obligé de s'investir dans une vraie relation. Elle faisait son boulot très bien et était appréciée de tous.

Cela faisait deux ans que Amanda n'avait pas vu son frère aîné lorsque Josée sa copine de case arriva près d'elle en trombe.

— Amanda viens voir! l'Indien est là!

— Le gars que tu me parlais?

— Oui! Il est là dehors!Il est tellement beau!

— J'veux voir ça!

— Dépêche, je veux lui parler!

Les deux copines sortirent sur la grande partie de ciment en avant de la polyvalente et Amanda eut un choc. Elle n'en croyait pas ses yeux et se demanda si tout cela était réel.

— Hum... Josée? C'est parce que... je pense que c'est mon frère Claude...

— Hein? Tu m'avais dit que toute ta famille était morte! Pis là tu me dis que peut-être que c'est ton frère, mais que tu n'es pas sûre? Tu as pris de la drogue ou quoi?

— Je ne voulais pas vous dire à toi pis Nathalie que je suis en famille d'accueil...

— En famille d'accueil...Toi! Ça ne se peut pas!

— Tu vois! C'est pour ça que je ne voulais pas vous le dire, tout le monde réagit comme ça, après je me retrouve toute seule!

— Là...T'es en train de me dire que ce beau gars-là est ton frère...Wow! Mais ça veut dire que tu es Indienne aussi?

— Ouf! Ça, c'est pas mal compliqué! Je ne dirais pas que je suis Indienne, je dirais plutôt que ma grand-mère était Indienne, ma mère est métisse et moi je ne suis rien du tout! S'il veut dire qu'il est Indien...C'est son affaire.

Josée fréquenta Claude à quelques reprises. Amanda en profita pour voir son frère un peu plus souvent maintenant qu'elle savait qu'il n'était plus en maison de réforme. Après quelque temps, Amanda s'aperçut qu'il n'était pas bon pour elle de fréquenter son frère, car il faisait les cent coups et elle s'éloigna de lui à nouveau comme si tous les membres de cette famille n'étaient tout simplement pas faits pour être unis.

— Hum...Josée? Je ne veux surtout pas me mêler de tes affaires, mais moi, si j'étais toi, je ne me tiendrais pas trop avec lui...Tu sais que je l'aime bien, c'est mon frère, mais je ne suis pas certaine que ce soit une bonne idée pour toi et lui...

— Pourquoi?

— Il consomme Josée. Et beaucoup. Il n'est pas méchant, il fait ça pour oublier j'imagine, je le comprends, moi aussi des fois j'aimerais ça me geler la face pour oublier qui je suis, mais consommer ça coûte cher, pis des fois ça fait faire des choses qu'on regrette après...

— Ouais...Je sais ce que tu veux dire et de toute façon il ne m'intéresse plus...

— On va rester des amies quand même hein?

— C'est sûr! Mais mon père m'a mis des conditions...Quand je lui ai dit que t'es en famille d'accueil et que je lui ai raconté ton histoire, et bien tu sais, il aime mieux que je te vois pas trop...Je pense qu'il a peur que tu sois une délinquante...

— Mais tu le sais que je n'en suis pas une...hein?

— Il n'aime pas ça non plus que tu travailles et il dit que tu devrais t'occuper juste de ton école...Il dit que tu ne réussiras probablement pas...

— Je n'ai pas le choix de travailler Josée, mes dix-huit ans vont venir vite pis ça va me prendre de l'argent si je ne veux pas me ramasser sur le bien-être social comme ma mère.

— Ouais…Je le sais…Qu'est-ce que tu veux faire après le secondaire?

— Je voudrais écrire, mais ma travailleuse sociale ne veut pas. Elle dit que je ne gagnerai jamais assez pour vivre. Je pense que je vais être obligée de faire de la couture ou une affaire de même.

— Moi, je veux aller au « Collège de Secrétariat Moderne », j'ai demandé à mon père pis il a dit oui tout de suite. Il ne faut pas que je niaise parce que c'est cher.

— Je comprends!

— Bon, on va commencer par finir notre secondaire pis avoir un peu de fun avant que les grosses responsabilités nous tombent dessus! Viens dans le salon, je veux te faire écouter du « Beau-Dommage».

Amanda adorait cette fille, car en plus de son amitié, elle était pour elle une source de savoir. À chaque visite, elle pouvait observer absolument tout de ce qu'elle faisait. C'est ainsi que Amanda commença à prendre des notes sur le ménage, la cuisine, les soins personnels de la peau, la coiffure et même améliorer son parler. Lorsqu'elle quittait Josée à bicyclette, elle roulait très vite de peur d'oublier les précieux détails. Elle entrait chez elle, prenait son cahier et ajoutait tout ce qu'elle avait vu chez Josée à ce qu'elle avait déjà noté sur Mme Labbé. Elle se retrouva avec plein de commentaires de toute sorte écrits à la volée et au gré de ce qu'elle apprenait : *« égoutter la viande avant de la mettre dans la sauce, faire revenir les légumes avant de les mettre dans la sauce. Nettoyer au fur et à mesure ça part mieux. Un peu de rose et de blanc dans la chambre, c'est beau. Épousseter souvent. Prendre du lave-vitre d'auto pour hiver pour les châssis ça ne fait pas de givre. »* Rapidement, le petit cahier fût rempli à craquer et elle en acheta un autre puis un autre. Elle remplissait de gros cartables au complet. Nathalie, l'autre copine de case devait se consacrer entièrement à sa pauvre mère qui était malade. L'amitié entre elles tarda, mais fût enrichissante et sincère.

Josée téléphona à Amanda. Elle voulait qu'elle vienne au party qui se passait chez Junior dans un des gros blocs appartement en arrière du centre d'achat « Place Des Ormeaux ». Amanda n'avait jamais mis les pieds dans ce genre de party. Elle hésitait ne sachant pas si elle serait à la hauteur. Elle avait peur d'avoir à expliquer tout ce qu'elle vivait. Maintenant que Nathalie et Josée connaissaient la vérité, elle ne pouvait plus s'inventer un passé parfait. Elle décida de se risquer et se présenta sur place. Elle se plut rapidement. La musique Rock jouait et il y avait de très beaux garçons. Amanda remarqua que Josée avait maintenant un nouveau copain et elle en était contente. Elle pensa à son frère en se disant qu'il se trouverait bien quelqu'un lui aussi.

Amanda était assise par terre à jaser avec les autres lorsqu'elle entendit une voix derrière elle et se retourna. C'était Benoît qui lui tendait une bière.

— Hum...

— Ha merci!

— De rien.

Il était déjà reparti. Il avait rougi et était reparti aussi vite qu'il était apparu. Dans la cuisine on pouvait entendre des exclamations de déceptions et d'encouragements.

— Tu es bien épais! Pourquoi tu ne lui as pas parlé?

— J'ai figé...Ses yeux! Je n'en ai jamais vu des de même!

— Retournes-y! Va l'embrasser! Je te jure si tu le fais pas c'est moi qui va le faire!

Benoît revint avec un large sourire et une démarche nonchalante, mais totalement fausse. Il arriva près de Amanda. Elle lui fait signe de s'asseoir.

— C'est toi Amanda, je n'en reviens pas!

— Eh oui! C'est moi! Toi tu es qui?

— Benoît Régis, le chum des autres fous dans la cuisine!

— Des bien beaux fous que vous êtes! J'espère que je vais pouvoir revenir des fois.

— Tu peux venir quand tu veux!

— Ouais…Est-ce que Josée t'a expliqué un peu ce que je vis? Je ne peux pas faire tout ce que je veux…J'ai juste seize ans.

— À peine, elle m'a dit de te questionner moi-même.

— Je ne veux pas parler devant tout le monde…

— Suis-moi…

Benoît entraîna Amanda par la main et ils se dirigèrent droit vers la chambre.

— Aïe! Ho! Les amoureux! Vous êtes vite en affaire!

— On s'en va juste parler bande de fous!

— Ha! Me semble! On connaît ça, Benoît ta belle parlure! Dis-le donc que tu veux la séduire tout de suite pour pas qu'on te la vole!

Les rires et les exclamations disparurent derrière la porte lorsque Benoît la referma. Il éclaira la chambre.

— Oups! On dirait bien qu'on n'est pas les premiers à chercher un peu de tranquillité!

— Coup donc! C'est un dortoir ou quoi?

— C'est nos lits...

— Hein? Vous êtes combien à vivre ici?

— Six, mon lit est au fond là-bas...

— Il y a quelqu'un dedans dans ton lit!

— Ouais...hum...J'ai une idée...

— Qu'est-ce que tu fais?

— Viens!

— C'est la garde-robe ça?

— Ouais, mais il est grand, regarde!

— C'est vrai qu'il est grand.

Benoît plaça les vielles couvertes dans le fond et invita Amanda à s'y asseoir. Il alluma sa lampe de poche.

— Bon! Ici on va avoir la paix pour parler.

— Commence, toi!

— Si tu veux...

Benoît raconta sa vie sans négliger aucun détail. Il adorait sa mère qui était séparée depuis un bon bout de temps et elle mettait toute son énergie à élever ses deux garçons à elle seule le père les ayant abandonnés très tôt. Malgré cela, il lui reprochait de n'avoir d'yeux que pour son frère aîné qui avait tout du petit garçon parfait. Il réussissait tout ce qu'il entreprenait et répondait aux attentes de tous. Lui se disait le mouton noir, le tannant de la famille, celui qui s'insurge de tout et qui refuse de se conformer. Il en voulait terriblement à son père. Il ne comprenait pas comment un homme pouvait faire des bébés à une femme pour ensuite les abandonner. Il se jura de ne pas répéter les mêmes erreurs que son père. Amanda était renversée et profondément émue par la franchise de celui qui deviendrait son petit ami sou peu et raconta à son tour le chemin par lequel elle était passée pour arriver là où elle était. Jamais Benoît n'aurait cru tomber amoureux d'une fille de la campagne. Puis, sous l'effet des confidences et peut-être aussi sous l'effet des quelques bières qu'ils avaient bues ensemble, leurs propos se transformèrent peu à peu en déclaration.

— En tout cas, moi les femmes je les aime! Pis jamais je ne les ferais souffrir comme ça! Surtout quand elles ont des yeux comme les tiens!

— Moi je suis certaine que tu es bien plus beau que ton frère...

— J'aime ton accent Amanda...

— Colle-moi Benoît s'il te plait...

— Ho oui!

Emportés par une fougue de jeunes délaissés par la vie et remplis de colère, ils se retrouvèrent dans les bras l'un de l'autre à faire l'amour avec autant de passion et d'ardeur que s'ils faisaient la guerre. Ils y exprimèrent toutes les déceptions, la haine et aussi tout l'espoir de chacun. Ils étaient à la fois si semblables et si différents que leurs émotions leur faisaient verser des larmes. Ils se réveillèrent le lendemain matin couchés de la même manière qu'ils s'étaient ébattus une bonne partie de la nuit.

— Benoît...Réveille...Tasse-toi, il faut que je me lève, je travaille tantôt pis c'est loin...

— Hein? Qu'est-ce qui se passe?

— Envoie! Ça presse! Il faut que j'aille travailler!

Benoît réalisa ce qui se passait et se mit debout rapidement. Elle lui avait dit qu'elle devait travailler avant ses dix-huit ans et se ramasser de l'argent sans quoi elle serait dans la merde.

— Veux-tu que je te fasse un café?

— Oui, moi je saute dans la douche! Passe-moi mon sac à dos, mon uniforme est dedans.

Amanda sortit de la salle de bain quelques minutes plus tard et tous se mettent à rire en l'apercevant en matelot.

— C'est ça ton uniforme!

— Toi, ne ris pas de moi! Ce n'est pas drôle d'être obligée de se promener en autobus pis en métro emmanché de même!

— Moi je te trouve super belle comme ça Amanda!

— Ne te fous pas de ma gueule, je déteste ça!

— Tu gagnes ta vie et je n'en connais pas gros qui ferait tout ce que tu fais pour réussir!

— Merci Benoît.

CAHIER 19

Quelques semaines plus tard. Amanda revenait de l'école et se dépêchait. Elle devait prendre l'autobus de cinq heures trente pour se rendre à la station de métro et elle était en retard. La dame de la famille d'accueil l'accosta en chemin.

— Amanda! Il faut qu'on se parle c'est urgent!

— Désolée! Je n'ai pas le temps, je prends mon uniforme et je repars sinon je vais manquer l'autobus…

— C'est vraiment urgent…

— OK, je vous écoute…

— La travailleuse sociale a téléphoné…Ton père a obtenu le droit de visite une fois aux deux semaines.

— Voyons! Je travaille les fins de semaine…Ça ne marche pas ça!

— Il a même le droit d'exiger de ton travail des congés forcés pour répondre à ce jugement.

— Pas question que j'y aille!

— J'ai vu ton père aussi…

— Quoi! Comment ça vous l'avez vu?

— On s'est donné rendez-vous comme la travailleuse sociale me l'a demandé, il voulait voir avec qui sa fille vit et c'est normal…

Amanda échappa son sac par terre tellement les propos de la femme la surprenaient. Elle qui avait été jusqu'ici entièrement intouchable. S'était-elle laissée attendrir par cet individu diabolique? Les mots « …c'est normal… » avaient frappé comme une masse. Amanda regardait les yeux de la dame. C'était trop tard, il l'avait séduite et elle était maintenant sous son charme. Il l'avait empoisonnée avec ses mots menteurs et obtenait ce qu'il voulait une fois de plus.

— On en reparle ce soir OK? Là , il faut que je parte.

— Vas-y ma grande, passe une belle soirée.

— Ça m'étonnerait après ce que je viens de voir.

La femme ne put comprendre la réaction de Amanda ignorant elle-même être sous le charme de celui qui détruisait le seul moyen que Amanda avait de s'en sortir. Amanda ragea dans l'autobus et le métro. Comment est-ce qu'une bande d'ignorants et d'étrangers pouvaient prendre des décisions aussi importantes à sa place et sans la consulter d'abord? Ils avaient beau porter la toge et dire qu'ils voulaient ce qu'il y avait de mieux pour elle; aucun d'eux ne lui avait demandé son opinion ni si elle acceptait d'aller à Danville. Personne ne voyait en ce monstre le seul vrai objectif de ce virement soudain pour sa fille. Son travail n'était-il pas plus important? Et son avenir, qui y pensait? Perdrait-elle son emploi? Puis Amanda pensa à sa sœur et se trouva lâche de ne pas se soucier suffisamment d'elle. Elle décida d'y aller seulement et uniquement pour cette raison. Elle rentra à la maison après son quart de travail et prépara ses bagages. Malgré la motivation de revoir sa sœur cadette, elle y allait à reculons. Elle n'y croyait pas et quelque chose lui disait que tout cela n'était pas normal.

Elle embarqua dans l'automobile de son père et le trouva différent. Il essayait d'être gentil avec elle. Elle ne l'avait jamais vu ainsi et ne l'aimait pas. Comment pouvait-il faire comme si jamais rien ne s'était passé? La croyait-il assez stupide pour avoir tout oublié? Ils ne furent pas encore sur l'autoroute au moment du premier accident. Il neigeait et la visibilité en était réduite. Le camion qui roulait dans l'autre sens frappa à la hauteur de la roue avant du côté de Amanda, car Roger avait perdu le contrôle du véhicule et celui-ci était de travers sur la route. Le choc la fit sursauter. Après une brève conversation avec l'autre conducteur, Roger revint dans le véhicule soulagé de constater que les dégâts n'étaient pas de très grande importance. Ils allèrent ensuite prendre Caroline qui était au cinéma à Asbestos. Celle-ci sauta de joie sur la banquette tellement elle était surprise de voir sa sœur. Les deux sœurs étaient heureuses de se retrouver après un si long délai. C'est à ce moment que survint le deuxième accident. L'autre véhicule rentra dans celui de Roger comme la foudre du côté de Amanda. L'impact fût si violent que non seulement la fenêtre du côté de Amanda se brisa, mais également celle du côté de Roger aussi. Amanda et Caroline étaient sous le choc. Très nerveuses, elles étaient maintenant assises dans un commerce de la première avenue à Asbestos. Roger leur avait commandé des chocolats chauds et était reparti régler l'accident. Amanda expliqua à Caroline que c'était le deuxième accident qu'ils avaient en quelques heures et qu'elle se sentait très nerveuse. Leur conversation ressembla ensuite à toutes les conversations de jeunes filles les garçons étant leur sujet préféré. Amanda confia à sa sœur qu'elle avait un nouvel amoureux dans sa vie et qu'il était mignon comme tout. Caroline aussi avait un garçon en vue. Elles rigolèrent ensemble et Amanda fût un peu moins nerveuse lorsqu'ils reprirent enfin la route en direction de la maison à Danville. Amanda ne voyait plus rien de sa fenêtre, car il y avait un plastique épais collé à l'aide du ruban rouge.

La fin de semaine auprès de sa sœur passa rapidement et Amanda repartit avec son père en direction de Longueuil. Caroline était restée à Danville. Amanda n'en crut pas ses yeux lorsqu'elle s'aperçut que son père perdait à nouveau le contrôle de son véhicule. L'automobile valsait comme sur une patinoire et se heurta de plein fouet sur un viaduc. Elle entendit la tôle se froisser juste derrière elle. Elle détacha sa ceinture, car elle avait peur que celle-ci se coince dans le dossier et elle eut de la difficulté à la détacher. Amanda était tellement terrorisée qu'aucun son ne sortait de sa bouche. Seuls ses yeux exprimaient toute sa crainte et son angoisse. Roger resta de marbre et reprit rapidement la route se contentant de dire qu'il n'y avait personne d'autre d'impliqué et qu'il devait quitter rapidement les lieux s'il ne voulait pas se retrouver avec des frais pour avoir brisé le ciment du viaduc.

La mémoire de Amanda lui joua soudainement un vilain tour. Elle revoyait ses petits chiens dans le sac accroché au tuyau d'échappement de l'automobile puis elle se voyait dans le même sac en train d'agoniser. Elle se sentait mourir comme ses petites bêtes qui n'avaient pas demandé à venir au monde et qui avaient été de trop, elle se rappelait le visage de son père dans le rétroviseur le jour où elle avait compris qu'un jour ou l'autre elle disparaîtrait elle aussi. Elle se demanda si ce jour était arrivé. Tout s'entremêlait dans sa tête. Elle s'accrocha à l'image de Benoît pour rester consciente ne parlant plus et ne bougeant plus. Des heures interminables s'en suivirent. Roger parlait, mais Amanda n'entendait plus rien. Seuls des sons étranges et confus résonnèrent et parmi eux elle entendit les mots « Louise », « Sherbrooke » et « gentille ». Tout autour d'elle était au ralenti. Elle ne ferma pas les yeux, car elle craignait de disparaître si elle le faisait. Elle eut ensuite la sensation de rêver. Elle voyait sa cousine Louise qui portait des dessous intimes et qui allait vite se mettre une tenue convenable. Il y avait un malaise que Amanda ne comprenait pas. Soudainement, tout bascula. Amanda reprit ses esprits plus tard dans la journée, elle était toujours dans l'automobile de son père et ils arrivaient enfin sur la rue Vianney. Amanda se retourna pour regarder son père, car elle voulait lui dire à quel point elle le détestait, mais sa bouche refusa de bouger, elle restait paralysée par la peur. Roger se contenta de dire : « Jamais deux sans trois! »

Madame Labbé crut que Amanda avait attrapé froid lorsqu'elle la vit trembler et lui versa un bol de soupe chaude. Amanda ne parla pas. Elle fixait le comptoir de la cuisine et sa respiration était haletante. Elle était en pleine crise d'angoisse. La dame s'inquiétait de plus en plus.

— Qu'est-ce qui se passe? Envoie! Parle!

— Acciiddent...acccidddeeent!

— Vous avez eu un accident? C'est ça? Ho mon dieu! Es-tu correcte? Avez-vous été à l'hôpital? Où c'est arrivé? Pourquoi il n'est pas monté pour m'expliquer, il te laisse comme ça en avant de la porte et il repart...Il ne t'a même pas aidé à monter jusqu'au troisième?

— Trrrrois...accciddents...

— Hein? Trois accidents! Vous avez eu trois accidents!

— Je ppppense qu'il voooulait mmme tuer...

— Ho mon Dieu! Qu'est-ce que j'ai fait? C'est de ma faute, tu ne voulais pas y aller aussi...Je m'excuse...

— Pas votre faute...

La dame se mit à pleurer et fit coucher Amanda sur les fauteuils du salon avec une grosse couverture de laine où elle put se reposer enfin. Après un bref sommeil et plusieurs cauchemars, elle se releva pour manger. Elle avait beaucoup de difficulté à expliquer les accidents, car elle perdait le contrôle de la parole aussitôt qu'elle en parlait. C'est à l'aide d'une boîte de mouchoirs en papier qu'elle parvint à expliquer clairement les impacts que l'automobile avait reçus. Stupéfaite, la dame remarqua aussitôt que tous les chocs avaient été absorbés du côté où était assise Amanda.

— Je ne retournai jamais là, vous m'entendez? Jamais!

— Je n'en reviens pas! La travailleuse sociale va avoir de mes nouvelles, ça, je te le jure!

Quelques semaines plus tard, la travailleuse sociale avait convaincu la gentille dame que tout cela n'était que pures coïncidences et que jamais Roger n'attenterait à la vie de sa fille, qu'il était un bon père, qu'il avait la garde de trois de ses enfants, qu'il se débrouillait très bien et que Amanda était beaucoup trop émotive. Amanda avala tous les cachets qui lui tombèrent sur la main et s'ensuivit un malaise qu'elle fit passer pour une indigestion. Elle resta au lit cachant à tous le geste qu'elle venait de poser. Malgré qu'elle aimait profondément sa famille d'accueil, Amanda savait que celle-ci n'avait aucun pouvoir. Ce n'était pas elle qui prenait les décisions et elle devait constamment suivre les indications qui lui étaient données soit par la protection de la jeunesse ou par la cour. Lorsqu'elle raconta sa fin de semaine à Benoît, celui-ci se révolta.

— Merde! Tu ne connais pas tes droits!

— Je ne sais plus quoi faire Benoît! Si je ne fais pas ce qu'ils veulent, ils vont m'envoyer à l'école de réforme pis ça, lui à l'autre bout, il le sait!

— Bon, écoute, moi je connais ça...Tu te présentes à l' «Édifice Montval» à côté du métro Longueuil, c'est là qu'il est le bureau régional de la protection de la jeunesse...Tu demandes de rencontrer quelqu'un tout de suite et tu refuses de repartir sans avoir parlé à quelqu'un. Ensuite tu leur expliques ton histoire et tu leur dis que tu veux remplir un formulaire pour avoir droit à un appartement supervisé.

— Pourquoi ne viens-tu pas avec moi?

— Parce qu'ils me considèrent comme un délinquant et si tu dis qu'on est ensemble, tu n'auras pas ton appartement.

— Un appartement? Benoît! Je n'ai même pas fini mon secondaire!

— Justement... Si tu restes en famille d'accueil, tu ne le finiras jamais ton secondaire, il t'arrive trop d'affaires! Veux-tu réussir oui ou non?

— Je pense juste à ça, Benoît! Mais comment veux-tu que je sois en appartement? Je n'ai pas assez d'argent!

— Jusqu'à aujourd'hui, tu as prouvé que tu es capable d'aller à l'école, même dans des situations très dures, tu travailles aussi, ce n'est pas rien ça! En plus, tu ne consommes pas pis tu n'as pas de dossiers de violence, je te le dis moi Amanda, tu peux le faire! Connais-tu le montant que reçoit la famille d'accueil pour te garder chaque mois? Si tu étais en appartement, c'est toi qui l'aurais, jusqu'à tes dix-huit ans! Calcule Amanda pis tu vas voir que tu peux le faire!

— Je sais qu'ils mettent un peu d'argent dans un compte pour moi, mais je ne sais pas combien. Et puis, toute seule, tu es certain que je peux faire ça toute seule?

— Pas tout à fait Amanda, je vais être là moi, je vais aller souvent chez vous, peut-être même que ce serait bon pour moi, comme ça je verrais moins les autres pis j'aurais moins de problèmes. On aurait de la bouffe dans le frigidaire au lieu de la maudite bière tout le temps! Pis toi, tu ne serais plus jamais obligée d'aller à Danville, pis tu recevrais de l'argent aussi.

— Comment va réagir Mme Labbé?

— Mets-toi à sa place, elle va perdre de l'argent...

— Elle ne me garde pas juste pour l'argent!

— Ça, c'est sûr! Mais penses-tu qu'elle le ferait gratuitement? Elle ne le fait pas juste pour tes beaux yeux en tout cas!

— Si je pars, ce ne sera pas pour l'argent, mais pour avoir la sainte paix! Je suis tannée que tout le monde prenne des décisions à ma place!

— Fais-le! Ma mère aussi, elle pense comme moi et elle serait vraiment fière si tu réussissais tes études, surtout que tu aimes l'école, ce n'est pas comme si tu t'en foutais. Quand tu vas avoir ton diplôme, on va aller le montrer à ma mère ensemble.

Amanda était couchée dans son lit de la rue Vianney et regardait le plafond. Elle avait tout fait exactement comme il le fallait et avait tenu son bout dans le bureau de la travailleuse sociale. Il ne lui restait plus qu'à attendre la réponse. Elle leur avait demandé de téléphoner à l'école pour lui transmettre leur décision. Amanda savait qu'elle avait réussi. Elle le sentait, elle avait agi en adulte et leur avait prouvé qu'elle était capable d'étudier, d'avoir un revenu et de faire un budget. Elle leur avait même montré tous les cahiers qu'elle avait écrits. La travailleuse sociale avait été très impressionnée de constater que Amanda saurait gérer sa vie comme une adulte et avait même ajouté qu'elle interviendrait en sa faveur auprès du directeur régional.

— Amanda, téléphone!

— Oui allô?

— Amanda? C'est Caroline! Viens-tu nous voir en fin de semaine?

— Hum...

— Tu ne veux pas me voir?

— Bien sûr que je veux te voir...C'est parce que je pensais à autre chose en même temps...

— Ouais et bien là, décide parce que Popa dit que les longues distances, ça coûte cher...Envoie... Viens donc...Tu ne pourras pas voir Eddy par exemple, il est encore placé chez les Fréchette à Wotton pis Claude lui, est retourné chez Moman, je m'ennuis toute seule avec Popa...

— Comment ça! Elle est où sa blonde?

— Repartie vivre à Québec! Ça ne marchait pas avec ses enfants...

— Ha ouais! Ça fait que là tu es tout le temps toute seule avec lui?

— Ouais pis c'est l'enfer! Il faut que je fasse tout ici!

— Je vais y aller Caroline, c'est promis!

— Amanda? Si tu ne viens pas, je vais t'en vouloir à mort...

— J'ai compris Caroline.

Amanda expliqua à la famille d'accueil qu'elle irait à Danville la fin de semaine suivante.

— Je pensais que tu ne voulais plus y aller?

— J'ai changé d'idée...Pour Caroline.

Le lendemain, pendant les classes, le directeur vint chercher Amanda dans le local de mathématique. Elle entra dans son bureau et celui-ci lui présenta le combiné du téléphone.

— Allô...Oui, c'est moi.

— Bonjour Amanda, c'est Marie-Thérèse, comment vas-tu?

— Ça va...

— Je te téléphone comme convenu pour te dire que tu as réussi. Tu dois te présenter à nos bureaux avec l'adresse exacte du loyer que tu auras choisi et on met tout en branle le jour même pour que tu reçoives tes chèques directement chez toi.

— Super! J'en ai visité quelques-uns et je crois que mon choix est fait.

— Bon alors fais-nous parvenir l'adresse le plus tôt possible et je retiens ton chèque ici même au bureau en attendant, il ne faudrait pas que tu manques de payer ton premier mois de loyer, ça commencerait mal!

— Marie-Thérèse? Il faut que je te parle de quelque chose, il faut absolument que j'aille à Danville en fin de semaine, c'est Caroline qui me l'a demandé, elle n'est pas heureuse ces temps-ci, mais je ne veux pas y aller seule et je veux que mon copain vienne avec moi...

— Ha! Avoir su...J'ai parlé à ton père ce matin même, j'aurais pu lui soumettre ta demande en même temps...

— Comment ça tu lui as parlé?

— C'est la loi Amanda, même en appartement, c'est toujours ton père qui a ta garde légale, nous sommes obligés de l'aviser de la situation, il a même le droit de refuser cette entente...Mais rassure-toi! Il ne le fera pas, on lui a expliqué tous tes points forts et je crois qu'il était vraiment impressionné, de plus, il ne veut pas que tu sois en contact direct avec Caroline...

— Pourquoi ça? Je ne suis pas un monstre!

— Je sais Amanda que tu n'es pas un monstre...De toute façon, qu'est-ce que ça change pour toi? Tu voulais un appartement, tu l'auras, tout le monde est content!

— Ouais! Vu de même! N'empêche qu'il s'arrange encore pour nous séparer ma sœur et moi!

— Ta sœur a été informée de ses droits, tu sais? Elle sait qu'elle peut faire appel à nous n'importe quand.

— Justement! C'est le n'importe quand qui m'énerve là-dedans...

— Amanda, nous faisons notre possible...Pour ton copain, je vais arranger ça, si je ne te rappelle pas, c'est que tout est correct.

— OK Marie-Thérèse, on se reparle la semaine prochaine?

— N'oublie pas Amanda, l'appartement n'est pas un droit mais un privilège, à la moindre anicroche, tu perds ce privilège.

— Oui je m'en rappelle.

CAHIER 20

Amanda fit ses bagages pendant que la mère d'accueil était sous le choc. Amanda aurait voulu lui expliquer les raisons exactes de son départ, qu'elle savait que la dame s'était laissée empoisonner par le père. Il avait usé de son charme et elle s'était laissée séduire. Le seul lien de confiance possible avait été rompu. Son opinion sur Benoît avait fait le reste. Même si Benoît avait de gros problèmes, Amanda savait qu'il était bon et refusait de le juger. N'était-ce pas justement ce qu'elle-même attendait des autres, ne pas être jugée comme délinquante? Alors comment aurait-elle pu le juger à son tour, ils étaient pareils, des écorchés de la vie qui tentaient de survivre.

Benoît vint passer la nuit avec Amanda dans son premier appartement. Il prit son sac à dos et le jeta à deux mains dans le fond du placard de l'entrée.

— Attention à la boîte Ben!

— C'est quoi cette boîte-là?

— Ne touche pas!

— Je veux savoir, c'est quoi.

— Je ne le sais pas c'est quoi…C'est un cadeau que Pierre m'a fait pis je n'ai jamais réussi à l'ouvrir…Je ne veux pas que tu y touches…S'il te plait…

— Ouvre-la donc!

— Donne…Tu as raison. Ça fait longtemps que j'aurais dû le faire.

— Wow! C'est quoi ça?

— On dirait un kimono!

— Ben oui…C'est ça…Regarde la broderie dans le dos!

— C'est donc bien beau!

— Ouais…Méchant beau cadeau, une chance qu'il n'est plus là, je serais jaloux! Vas-tu le porter quand même?

— Ça ne te dérangera pas?

— C'était à lui de ne pas partir comme ça! Là, c'est moi qui vais me rincer l'œil, mais c'est lui qui a payé!

— Ben! Ne dis pas des affaires de même, c'est pas juste!

— Je voulais juste te détendre un peu...Tu sais quand tu parles de lui, je le vois bien que tu l'aimes encore, mais ne t'inquiètes pas, je te jure que je ne suis pas jaloux...Il est à Paris, pis c'est moi qui suis avec toi, ici.

Après avoir placé les quelques meubles présents dans la pièce, ils se mirent à sauter dans le vieux lit de fer et à crier les paroles d'une chanson du groupe rock AC/DC. Forcés d'arrêter le bruit infernal qu'ils faisaient, ils se laissèrent tomber côte à côte et tombèrent endormis rapidement; Benoît tenant Amanda couverte de son kimono dans ses bras et Amanda tenant son ours en peluche sur son cœur. Deux enfants forcés d'agir comme des adultes et qui se permettaient de s'aimer.

Junior, le colocataire de Benoît accepta de les conduire à Danville. Le trajet se passa très bien. Ils écoutèrent de la musique et Amanda imita Cyndi Lauper en chantant « Girls, just want have fun ». Elle avait hâte de voir sa sœur. Benoît lui, ne l'avait jamais vu et la seule chose qu'il savait d'elle était que les deux sœurs se ressemblaient au point de passer pour des jumelles et qu'elles avaient des liens particuliers sur le plan psychique. Amanda avait expliqué à Benoît qu'elle et sa sœur faisaient les mêmes choses en même temps, mais pas au même endroit et sans savoir ce que l'autre faisait. Elle lui avait dit que sa sœur s'était fait couper les cheveux de la même façon qu'elle sans savoir qu'elle aussi venait tout juste de le faire. Junior repartit en direction de la grande route.

Aussitôt débarquée de l'auto, Amanda se rendit vite compte que ça n'irait pas du tout et si ça n'avait pas été de Caroline elle aurait demandé à Benoît de repartir. Benoît se comporta parfaitement comme Amanda le lui avait demandé et s'efforçait d'être le plus avenant possible aux yeux de Roger, mais ce dernier l'avait déjà pris en grippe avant même leur arrivée et Amanda le ressentait au plus profond d'elle. Jamais il n'accepterait que quiconque aime sa fille, ni des chiots, ni sa mère, ni sa grand-mère et encore moins un jeune homme inconnu. Roger provoqua Benoît à plusieurs reprises allant même jusqu'à le pousser sur les épaules. Benoît regarda Amanda et lui demandait en silence la permission de faire quelque chose, mais Amanda répondit de la même manière, seulement qu'avec les yeux. Elle ne voulait pas qu'il jette de l'huile sur le feu. Ils étaient là pour vérifier comment allait Caroline et surtout pas pour régler de vieux comptes. Caroline était mal à l'aise et ne savait plus où se mettre. Amanda comprit rapidement que sa sœur cadette vivait à son tour quelque chose de honteux, tout son corps frêle le criait silencieusement et plus elle tentait de le dissimuler plus l'évidence était frappante.

— Comme ça, c'est toi le baveux qui veut emmener ma fille en appartement?

— Hum...Non! Elle y est toute seule...

— Tu me niaises? Penses-tu vraiment que je vais te croire?

— Ha ! Arrête Popa! Benoît ne vient pas en appartement avec moi, il sera souvent là pis c'est normal, c'est mon chum.

— J'ai un droit de décision là-dessus ma fille!

— Tu as un droit de regard sur le fait que je sois en appartement, mais pas sur qui y rentre!

— De toute façon, Monsieur Grondin, puisque vous avez dit oui à la travailleuse sociale pour que Amanda parte en appartement, pourquoi qu'à nous autres, vous diriez non?

— Toi, mêle-toi pas de ça! C'est entre ma fille pis moi!

— Ce n'est pas juste entre vous deux! Il y a la protection de la jeunesse aussi! Sa mère aussi! Moi aussi! Pis de toute façon, c'est fait! On a dormi là hier soir!

— Toi! Vient icitte mon crisse!

Le cœur de Amanda se fendit en deux lorsqu'elle vit son père empoigner son petit ami. Elle savait qu'il avait très peu de chance face à ce monstre diabolique. Il frappa, frappa et frappa encore. Benoît avait le visage en sang. Roger le traîna par le col de sa chemise à carreaux qu'il portait par-dessus son t-shirt. Benoît criait. Amanda suivait et criait elle aussi. Caroline s'était caché la tête avec ses bras et ses mains tentaient de rejoindre ses oreilles; elle était recourbée sur elle-même et ne voulait pas entendre les cris d'horreur. Roger continua de traîner Benoît jusqu'en arrière de la maison et il le coucha de force sur un vieux banc d'autobus qui servait pour les feux. Il immobilisa Benoît sur le siège avec un genou et continua de le frapper. Benoît était inerte, mais Roger le frappait toujours et le sang giclait. Roger prit ensuite un câble et attacha Benoît au banc. Amanda criait de toutes ses forces. Elle ordonna à Benoît de se réveiller et de se débattre. Une fois attaché, Benoît continua à subir la cruauté du père. Amanda ne sentait plus son corps et souffrait autant que son amoureux. Elle agonisait et son cœur ne voulait plus fonctionner. Elle s'effondra. Caroline partit se réfugier dans la maison. Amanda s'était effondrée par terre et Benoît gisait sur le banc.

Lorsque Amanda revint à elle, Benoît n'était plus sur le banc, son père sortait du garage avec une pelle et avait les mains ensanglantées. Benoît était dans le champ. Il avait réussi à se défaire de ses liens et regardait Amanda de loin. Il pleurait et avait l'air inquiet. Amanda lui fit signe discrètement que son père était du côté du garage et elle lui montra dans quelle direction il devait s'enfuir. Il tomba à plusieurs reprises puis disparut enfin. Il était impossible pour Roger de savoir de quel côté il était allé.

Amanda alla rejoindre Caroline dans la maison et elles se blottirent dans les bras l'une de l'autre. Roger entra et leur ordonna sèchement de ne pas agir de la sorte. Elles se redressèrent terrorisées. Caroline était complètement déconnectée et par souci de survie elle affirma que Benoît l'avait cherché. Amanda était abasourdie, mais comprenait tout de même sa sœur. Caroline devait se protéger et Amanda devait aussi la protéger, elle regarda sa petite sœur en espérant qu'elle ressente tout son amour pour elle.

Malgré que ce ne serait plus jamais pareil entre elles, Amanda comprenait sa petite sœur. L'instinct de survie lui avait dicté comment réagir. Les années sélectionneront pour elles ce qu'elles devront oublier afin de réduire leurs souffrances au minimum. Chacune ses souvenirs et chacune ses souffrances. Ce sera seulement que plusieurs années après, lorsque le père s'en prendra également à l'amoureux de Caroline et de manière aussi sauvage que celle-ci se souviendra, mais ne s'en remettra jamais complètement. Choisissant à son tour la violence plutôt que la guérison.

Après s'être enfui, Benoît refusa de revoir Amanda pour un temps. Il resta à l'écart puis revint enfin. Il portait encore des marques de l'agression et n'était plus le même. Il ne souriait plus et ses yeux étaient vides tout comme son cœur. Il consommait beaucoup, terriblement. Les joints se succédèrent rapidement. Il voulait être ailleurs et ne voulait plus souffrir. Même la musique entraînante du groupe « B-52 » ne réussissait plus à raviver sa joie.

— Crisse de vie de chien!

— Ben…Je m'excuse…

— Tais-toi! Ce n'est pas à toi de t'excuser! Je veux le voir mort le vieux crisse! Est-ce qu'il t'a touché un coup que je suis parti? Tu as des nouvelles de ta sœur, quelque chose?

— Non, y a pas osé me toucher, j'ai encore peur pour Caroline, mais je pense qu'elle va s'en sortir…Tant qu'elle restera de son bord, elle va être correcte…

— De son bord! Hein?

— Ben…Elle n'a pas le choix, c'est ça ou elle y passe elle aussi…Tu comprends?

— Ouais, vieux crisse!

— Veux-tu me dire Amanda, pourquoi tu me faisais signe de m'en aller dans le champ?…Moi je voulais que tu viennes avec moi? On aurait pu partir avec Caroline aussi, on aurait été rejoindre Junior pis on aurait pu aller voir la police?

— Avoir essayé ça, on serait morts tous les trois…Passe-moi ton joint…

— T'es malade! Il y a assez de moi qui est poigné avec ça! T'as une idée combien ça me coûte à cause que je peux plus m'en passer? Je suis dans la merde à cause de ces joints-là!

— Tu veux dire que tu dois de l'argent?

— Crisse! De l'argent…Comment je vais faire pour trouver ça?

— Moi j'en ai…

— Toi! Tu as de l'argent!

— Madame Labbé se prenait un minimum pour me faire vivre pis elle a déposé tout le reste pour moi, dans un compte à mon nom…

— Tu me niaises…

— Dis-moi combien tu dois pis je te le donne.

— Je vais te le remettre, je te le jure…

— Je ne te demande pas de me le remettre, je veux que tu arrêtes de fumer…

— Je ne peux pas, je vais virer fou si j'arrête.

Amanda prêta l'argent à Benoît comme prévu, mais au lieu de cesser de fumer comme Amanda l'aurait tant souhaité, il cessa plutôt de la contacter, il ne donna plus aucun signe de vie. Amanda savait qu'il tentait d'oublier. Elle avait mal, très mal, elle aurait voulu revenir en arrière et effacer tout ce qui s'était passé à Danville, mais elle ne le pouvait pas. Rongée par la culpabilité et convaincue qu'elle était responsable de ce que Benoît venait de vivre et de ce qu'il vivait encore, honteuse de porter malheur à tous, elle garda le silence elle aussi. Peut-être est-ce comme cela quand on a que seize ans, qu'on n'a aucun contrôle sur sa propre vie et que tous autour veulent décider à notre place? Peut-être est-ce la seule façon de réussir à oublier qui on est ou qui on n'est pas? En courant, courant et courant le plus vite possible et ensuite se gelant en fumant de la Mari pour oublier la souffrance. Cette maudite souffrance qui refuse souvent de disparaître…

CAHIER 21

Amanda décida de se concentrer sur ses études et tenta de tout oublier. Elle se souvenait de ce que lui avait dit Michel Bigras, le professeur de méthodologie à l'école secondaire et elle continua d'écrire ses cahiers. Elle habitait un petit appartement et refusait de rencontrer qui que ce soit. Entre sa journée à l'école et sa soirée à faire des frites pour le restaurant où elle travaillait, elle se reposait de la vie, déjà usée par celle-ci. Un an s'écoula.

Amanda avait du mal à y croire. Elle prit l'enveloppe qu'elle venait tout juste de recevoir dans sa boîte aux lettres. Une jolie petite enveloppe presque carrée. Celle-ci était froissée comme si elle avait eu la vie aussi dure qu'elle. On pouvait y lire l'adresse de la rue Vianney très pâle et raturée par la mention « Mauvaise adresse ». Le cachet de la poste indiquait que Pierre avait tenté de la rejoindre à peine quelques jours après son départ. Amanda n'arrivait pas à s'expliquer pourquoi elle n'avait jamais reçu cette lettre à temps. L'enveloppe avait été retournée à Paris et était revenue avec une nouvelle adresse et un nouveau cachet de la poste. Elle avait été adressée aux services sociaux de la Montérégie à l'Édifice Montval. Le nouveau cachet indiquait que la lettre s'était promenée plus d'un an avant d'atterrir enfin à sa porte. Amanda tint l'enveloppe fermement sur sa poitrine comme si quelqu'un tentait de la lui enlever et se dépêcha à entrer chez elle. Elle s'installa sur le bord de son lit et ouvrit enfin l'enveloppe. Des larmes tombent sur l'encre et Amanda se dépêcha de les éponger avec sa blouse, car elle ne voulait pas que de si précieux mots s'effacent :

« Princesse, après mûres réflexions aidées de mes parents, nous croyons tous qu'il n'y a qu'une solution à notre problème. Épouse-moi! Je te promets de te rendre heureuse, de t'aimer et de tout faire pour toi! Je te dis cent fois je t'aime et si tu ne me crois pas alors je te les écrirai. Tu n'as qu'un seul mot à dire, il n'en tient qu'à toi, mes parents sont prêts à t'accueillir pendant que je serai en Allemagne et que j'obtiendrai mon diplôme. Tu auras toutes les pièces nécessaires et tu pourras également partager tes journées avec mes parents. Viens mon amour, viens me rejoindre, dès que je reçois ton appel, mes parents organisent ton voyage. Je t'aime, je t'aime, je t'aime... Pierre, 011-33-01-42711710 »

Amanda relut la lettre des dizaines de fois et apprit le numéro de téléphone par cœur. Était-ce un rêve ou Pierre l'avait encore demandé en mariage? Était-elle bien éveillée? Comment avait-elle pu se tromper à ce point? Elle se rendit à l'évidence. Quelqu'un n'avait pas voulu qu'elle reçoive cette lettre et l'avait cachée pour ensuite la remettre à la poste beaucoup plus tard. Pierre avait dû faire des pieds et des mains pour obtenir les informations dont il avait eu besoin pour la retrouver. Seul le Gouvernement du Québec avait accepté de lui donner quelques informations indirectes. Pierre avait spécifié que Amanda était sur la protection de la jeunesse et le fonctionnaire l'avait alors dirigé vers les services sociaux. La lettre avait ensuite voyagé dans le courrier jusqu'à l'Édifice Montval. C'était Marie-Thérèse, la travailleuse sociale, qui avait fini par inscrire la bonne adresse sur l'enveloppe. Elle arrêta enfin de pleurer et décida d'attendre au lendemain pour tenter de le rejoindre. Elle enfila son magnifique kimono et s'endormit en se demandant s'il était trop tard. L'attendait-il encore? Avait-il eu la même réaction qu'elle en voyant qu'elle ne donnait aucun signe de vie? Elle s'était bien réfugiée dans les bras de Benoît, alors, peut-être était-il lui aussi dans les bras d'une autre? Amanda se donna le droit d'espérer. Elle le contacterait dès le lendemain et s'il avait quelqu'un dans sa vie elle tenterait de l'oublier à nouveau. Elle lui expliquerait ce qui était arrivé à la lettre et s'il voudrait encore d'elle, elle partirait enfin. Paris semblait tellement magnifique.

Sept heures trente le lendemain. Amanda avait déjà bu plusieurs cafés et cela faisait maintes heures qu'elle ne dormait plus. Elle avait bien dormi avec un sourire aux lèvres. Elle s'était levée tôt et avait marché pendant plus d'une heure sur la rue Sherbrooke en attendant de téléphoner à Paris à une heure raisonnable ne sachant pas qu'il y avait un décalage horaire de six heures. Elle était maintenant prête et elle prit le combiné. Elle signala la série de quinze chiffres tout en les comptant. Plusieurs petits coups de sonnerie se firent entendre et parurent une éternité. Quelqu'un décrocha enfin.

— Bonjour!

— Hum…Hum…

— Oui allô! Qui est là?

— Hum…C'est Amanda…

— Amanda…Amanda qui? Qu'est-ce que je peux faire pour vous?

— Est-ce que je peux parler à Pierre s'il vous plait?

— Pierre? Il n'est pas là Pierre! À qui je parle au juste?

— C'est Amanda, j'ai reçu la lettre de Pierre seulement qu'hier…Il me demande de l'épouser…

— Amanda! La petite Canadienne qui a tant fait pleurer mon fils? Ho là! Tu en as mis du temps dis-donc!

— Je m'excuse Monsieur, la lettre s'est perdue…

— Oui, bon, enfin, je suis heureux de savoir que tu n'es pas morte, mais Pierre lui, je ne peux pas le rejoindre maintenant tu sais!

— Ha non?

— Chère enfant, ce n'est pas possible de vous être amourachés comme cela tous les deux! Bon, enfin, Pierre dépérissait à vue d'œil alors je lui ai acheté ce foutu voilier qu'il voulait tant et maintenant il est quelque part va savoir où! Il voulait faire le tour du monde! Parfait! Nous avions cru qu'il t'oublierait peut-être…Il nous écrit régulièrement, mais il nous demande plus souvent de tes nouvelles que des nôtres!

— Comment je peux le rejoindre?

— Oh là! Ce que vous parlez mal au Québec! Mais, peu importe! D'aucune façon ma petite! Tout comme nous! Étant constamment sur le voilier, c'est lui qui nous écrit et il nous poste ses lettres quand il touche un port. Nous ne pouvons pas lui répondre. Il doit terminer ses études en Allemagne l'an prochain et c'est seulement à ce moment que nous pourrons le contacter. Nous avons aussi prévu le rejoindre là-bas pour nos vacances.

— Monsieur Belzer? Comment je fais pour aller à Paris?

—Rien de plus simple ma petite, tu te procures une permission de ton gouvernement puisque tu es mineure. Tu demandes à ton ambassade de nous la faire parvenir et nous nous chargerons du reste. Ne t'inquiète pas pour le billet d'avion, nous y verrons, pas besoin de tout emporter avec toi, tu recommenceras en neuf ici.

— Va falloir que je passe par ma travailleuse sociale probablement.

— Donne-nous des nouvelles, veux-tu?

— Oui Monsieur Belzer, c'est promis!

Amanda s'empressa de contacter sa travailleuse sociale.

— Je veux vraiment y aller, Marie-Thérèse, vraiment...

— Je viens de t'expliquer, Amanda, tu ne peux pas aller à Paris, tu ne peux pas te marier non plus; tu pourras quand tu auras tes dix-huit ans et tu feras bien ce que tu veux d'ailleurs, mais pour le moment, tu es sous notre responsabilité et tu ne peux pas, un point c'est tout.

— Bon bien , je vais m'enfuir!

— Ha oui! Et comment? Tu vas traverser l'océan à la nage?

— S'il le faut, oui!

— Écoutes Amanda, si tu ne cesses pas tes menaces, je devrai faire un rapport et de toute façon, même si je le voulais, ce qui n'est pas le cas, ton père devra aussi donner son approbation, c'est toujours lui qui a ta garde légale, veux-tu que je le lui demande?

Amanda raccrocha bêtement le téléphone, prise de panique à l'idée que son père saurait qu'elle est amoureuse. Il s'en prendrait à Pierre; elle ne savait pas comment, mais elle savait qu'il le ferait tout comme il l'avait fait avec sa mère, sa grand-mère, son parrain, ses petits chiots, ses frères, ses sœurs et Benoît. Elle n'avait pas le choix, elle devait attendre encore aussi pénible cela était-il.

CAHIER 22

Amanda se rendit au bureau de l'orienteur. Elle avait reçu un mémo de lui et se demandait quel baratin il lui sortirait encore une fois. Elle avait refusé toutes les suggestions qu'il lui avait faites un an auparavant et elle s'attendait à ce qu'il perde patience, car celui-ci était réputé pour ne pas mâcher ses mots.

— Bonjour Amanda, tu peux t'asseoir, on en a pour un bout.

— J'ai un cours de français dans dix minutes.

— Oui je sais. J'ai averti ton professeur que tu serais en retard.

— Je n'aime pas être en retard.

— Ça se voit, tu as de très belles notes cette année, as-tu réfléchi aux possibilités dont je t'ai fait part? Tes dix-huit ans s'en viennent et tu n'as pris aucune décision.

— J'en ai pris des décisions! Il y a tout le temps quelqu'un pour me dire non... Ce n'est pas pareil.

— Et bien c'est peut-être qu'il y a du monde qui s'inquiète de toi! Travailles-tu toujours?

— Oui à temps partiel, mais dès que les cours finissent je vais travailler à temps plein.

— Tu es courageuse Amanda, c'est pour cela que je t'ai fait venir dans mon bureau. L'Armée Canadienne donnera une conférence aux étudiants dans le gymnase ce jeudi après-midi. Tu devrais y aller.

— L'armée, pas question! Je n'aime pas faire la guerre!

— Justement Amanda, l'armée n'est pas là pour faire la guerre comme tu dis, mais pour nous protéger au cas où quelqu'un d'autre nous la ferait.

— Pouah! Vous me faites penser à ma grand-mère... Une fois, elle m'a dit « Ma p'tite fille, si tu veux avoir la paix prépare la guerre! ».

— Et bien, tu vois! Je suis certain que ta grand-mère ne voulait pas te dire de faire la guerre, mais de t'y préparer par exemple! De toute façon Amanda, ce dont je veux te parler aujourd'hui est de toutes les possibilités d'emploi et de la vie assurée que tu aurais avec l'armée. Tu es droite comme le roc, tu es courageuse, tu es studieuse, tu ne te tiens pas en gang et tu ne prends pas de drogue. Tu as le profil parfait et en plus tes études seraient payées... As-tu une idée des salaires dans l'armée? Je veux au moins que tu te présentes à cette conférence et en attendant je te demande de consulter cette documentation et l'on s'en reparle en début de semaine. N'oublies pas Amanda que chaque décision que tu prends maintenant influencera tout ton avenir.

Amanda lut la documentation le soir même pendant sa pause au travail et fût surprise d'y voir des opportunités qu'elle n'aurait jamais envisagées autrement. Une carrière dans l'armée s'ouvrait à elle et ce serait peut-être la seule chance qu'elle aurait de faire quelque chose de sa vie qui plairait à tous, sa travailleuse sociale la première. Elle prit rapidement rendez-vous avec celle-ci pour lui expliquer son plan.

— Regarde Marie-Thérèse toutes les possibilités.

— L'armée! Je ne suis pas trop pour ça moi...

— Bon! Qu'est-ce qu'il y a encore?

— Je ne sais pas moi Amanda! L'administration, la philosophie, les sciences humaines, tout ça ne t'intéresse pas?

— La seule chose qui m'intéresse Marie-Thérèse est de pouvoir payer mon loyer quand vous allez cesser de m'envoyer un chèque chaque mois, je finis mon secondaire trop vite et je vais être pénalisée.

— Et en quoi serais-tu pénalisée, je ne comprends pas?

— Tu n'écoutes pas les nouvelles? Il est question d'une grosse grève et ils disent que les étudiants qui entrent au cégep cette année n'auront pas leur prêt et bourse à temps... Je ferai quoi moi si je ne peux pas payer mon loyer?

— Tu peux demander à ton père! De toute façon si tu demandes un prêt et bourse, le gouvernement va lui en demander une partie!

— Quoi! Ça ne va pas Marie-Thérèse? Tu me mets dans une situation très difficile là! Penses-tu vraiment que je vais aller téter mon père après tout ce qu'il a fait?

— Mais c'est la loi Amanda! Même quand tu auras dix-huit ans, si tu es aux études, ton père continue à avoir des droits sur toi et il est obligé de contribuer financièrement à tes études... Et puis on n'a pas de preuves de ce que tu avances à son sujet, ta sœur n'a jamais porté plainte, elle a l'air bien avec lui et moi je ne réinventerai pas les lois, tu sais!

— Voyons donc! Ça ne se peut pas tout ça! Comment je vais faire?

— Il y a une autre solution Amanda. Ton père peut se désister de ses droits et toi tu irais à l'aide sociale en attendant tes prêts et bourses et de cette façon, tu serais dans le système au cas où il y aurait une grève et tu serais certaine d'avoir un chèque pour ton loyer.

— Je préfère encore l'armée!

Amanda était assise sur la longue banquette d'un autobus public et se voyait déjà aux commandes d'un F-16. Elle s'imagina entendre son entourage dire « Hein! Amanda... dans l'armée... bien voyons donc! » et cela la fit sourire en coin. Elle en surprendrait plus d'un. Elle se souvint de son cousin Gérard qui était dans l'armée depuis déjà plusieurs années et se remémora aussi la réaction de sa mère lorsqu'elle le voyait arriver en uniforme. Cette dernière était très fière de lui. Peut-être en serait-il de même pour elle. Elle n'arrivait même plus à se souvenir de la dernière marque d'affection qu'elle avait eue de celle-ci. Amanda débarqua à quelques pieds de la rue Metcalfe. L'édifice était tellement impressionnant qu'elle en eut le souffle coupé. Elle toucha les gigantesques pierres qui formaient le mur, regarda jusqu'en haut de l'arche qui formait l'entrée et se demanda comment ses pierres faisaient pour tenir et comprit rapidement qu'elles se soutenaient une et l'autre...comme deux sœurs. Elle se dirigea ensuite aux locaux désignés et commença plusieurs entrevues et examens de toutes sortes. La journée passa et elle y retourna le lendemain pour quelques examens supplémentaires et recevoir les résultats des examens médicaux qu'elle avait passés au préalable.

— Bonjour Amanda, je ne passerai pas par quatre chemins. Nous ne pouvons pas vous accepter dans l'armée, mais je tiens beaucoup à vous parler, car vous avez réussi la plupart des examens de façon remarquable.

— Pourquoi ne pas m'accepter dans ce cas?

— C'est votre test médical qui nous pose problème Amanda. Vous êtes présentement sous la responsabilité de l'état c'est ça? Hum, pouvez-vous me dire pourquoi?

— Des problèmes de famille monsieur.

— Mais encore… Écoutez, je comprends que vous ne soyez pas à l'aise d'en parler, mais je voudrais juste essayer de comprendre…

— Comprendre quoi, monsieur?

— Amanda, hum, quand j'ai lu le rapport du médecin, je me suis demandé comment se faisait-il qu'une jeune fille comme vous veule entrer dans l'armée avec, hum, disons, autant de blessures corporelles…

— Quoi? De quoi me parlez-vous?

— Bon Dieu! C'est bien ce que je pensais…Amanda, vous avez le droit de savoir, hum, vous avez vingt et une fractures sur le corps, hum, des fractures qui ont mal repris; ce qui nous laisse croire que vous avez été battue et que vous n'avez pas reçu les soins nécessaires. Parmi ces fractures, il y en a deux plus graves que les autres, une au niveau du crâne en arrière de votre oreille gauche et une autre au niveau du bas de la colonne. Vous êtes comme un pot de porcelaine qui est tombé par terre, vous comprenez? Nous ne pouvons pas vous accepter, car votre corps est beaucoup trop fragilisé et hum, ce genre de hum, de vécu finit toujours par refaire surface un jour, vous comprenez?

— Non, je ne comprends absolument rien, je suis désolée.

— Oui, je vois, c'est un phénomène normal chez les personnes qui ont vécu un traumatisme... Vous aurez tout de même à y faire face un jour ou l'autre, mais laissez-moi vous dire Amanda que nous avons été très impressionnés par vos résultats dans presque tous les domaines et je me dois de vous faire remarquer que vous avez également une vision particulière, hum, votre vue est plus qu'excellente de loin, elle est exceptionnelle et vous avez également un champ de vision remarquable, hum, nous croyons Amanda que vous auriez été une candidate parfaite pour un F-16, c'est ce qui vous avait le plus attiré, je crois, hum, dans nos choix de carrière, n'est-ce pas?

— À quoi bon maintenant...

— Ne vous découragez pas Amanda, vous finirez bien par trouver un métier qui vous convient et qui sera à votre mesure si je peux m'exprimer ainsi. Nous sommes désolés Amanda, rentrez chez vous maintenant.

Amanda revint en métro en se retenant pour ne pas laisser jaillir le volcan qu'elle avait en elle. Elle était pleine de colère et ne comprenait pas ce qui lui arrivait. Elle savait qu'elle avait été battue, mais depuis qu'elle avait son appartement qu'elle ne se souvenait plus des blessures ni des détails importants de sa vie. La seule chose dont elle se souvenait était la souffrance, elle souffrait au plus profond d'elle, mais ne comprenait plus pourquoi. C'était comme si quelqu'un avait effacé une partie de sa vie, elle avait un début, une fin, mais rien au milieu. Elle souffrait à nouveau de dissociation mentale, mais n'en savait rien.

CAHIER 23

Amanda reprit son quotidien en main en tentant d'oublier que même l'armée ne voulait pas d'elle. Elle savait maintenant que malgré tous les efforts qu'elle ferait, elle serait toujours celle que personne ne veut. Comme un robot bien programmé, elle se rendait aux terrasses Mc Gill tous les matins pour faire sa journée. Elle occupait le poste de caissière au restaurant Fritz et s'occupait aussi des friteuses lorsqu'il y avait moins de clients. Elle prenait sa place et devint rapidement un élément essentiel pour l'entreprise. Elle était une employée polyvalente, concentrée et avait une façon d'être qui plaisait autant à la clientèle qu'au gérant. Elle restait au restaurant de l'ouverture à la fermeture allant même à accepter toutes les tâches de nettoyage à la fermeture. Le gérant était impressionné. Ce fut en pleine heure de pointe au moment où Amanda avait les yeux rivés sur sa caisse qu'elle entendit le timbre d'une voix qu'elle ne voulait absolument pas entendre.

— Allô Manda!

— L'père! De quoi c'est que vous faites là!

— Je vis à Montréal depuis le mois passé et ta sœur reste avec moi aussi...

— Ouais et bien là, faudrait que vous commandiez parce que la file est longue.

— Oui pis c'est là que je vais voir si ma fille est une bonne caissière!

— Je n'ai pas besoin de votre opinion sur mon travail, je sais que je le fais bien pis j'ai mon patron pis si vous voulez donner votre opinion y a une boîte à suggestions au bout du comptoir pis là c'est quoi que vous allez prendre?

— OK! Donne-moi une poutine.

Amanda sembla avoir gardé le contrôle sur sa caisse, mais comme si le comptoir du restaurant voulait la protéger, elle s'y était appuyée pour ne pas s'effondrer tellement ses jambes tremblotaient. Le gérant apparut aux côtés de Amanda.

— Qu'est-ce qui se passe Amanda, pourquoi la file est aussi longue?

— Ce n'est rien, ne t'en fais pas, monsieur va prendre sa poutine et tu vas voir que la file ne restera pas longue longtemps.

— Si tu le dis, c'est que tu vas le faire! Bravo Amanda pour ton calme.

— Hein? C'est vrai qu'elle est bonne ma fille?

Le gérant sembla surpris, il savait que Amanda était sous la protection de la jeunesse puisque c'était lui qui avait fait les démarches auprès du Gouvernement du Québec pour obtenir le droit de la faire travailler au restaurant étant donné son jeune âge. Il savait aussi qu'il ne fallait jamais aborder des questions familiales avec elle. Il avait quand même réussi à lui donner un solide coup de main lorsqu'il s'était rendu compte que Amanda allait travailler avec des souliers non conformes, il lui en avait procuré une paire. Il savait aussi que celle-ci ne mangeait que rarement à sa faim et qu'elle faisait tout pour réussir ses études et il lui permettait de manger tout ce qu'elle voulait dans le restaurant. Il faisait toujours en sorte de sortir trop de nourriture pour ensuite lui demander si elle voulait en apporter chez elle; il lui offrait ainsi son aide sans atteindre son orgueil. Il ressentait maintenant aux signaux physiques que Amanda transmettait qu'elle n'était pas bien dans cette situation. Tout en restant poli avec le père/client envahissant, il s'adressa à lui.

— C'est vrai qu'elle est bonne, Monsieur! Venez au bout du comptoir! On va la laisser faire son boulot, vous savez, j'apprécie vraiment beaucoup votre fille…

— Ouais pis elle est bien douce en plus…Une vraie petite perle!

— Ça, je ne suis pas prêt à dire ça! Elle a du caractère aussi! Faut pas trop la provoquer! Ça paraît qu'elle a du vécu votre fille. De plus, sur la protection de la jeunesse, elle a déjà dû en faire des mauvais coups pour en arriver là, mais ça, c'est du passé hein? L'important est comment elle s'en sort aujourd'hui, n'est-ce pas?

Le père dérangeant se sentait maintenant de trop et rougissait. Il ne savait plus trop si le gérant jouait la comédie ou s'il était au courant des vraies raisons qui avaient poussé Amanda à être sur la protection de la jeunesse. Il préféra se retirer et il ne revint pas l'importuner à son travail.

Amanda était tellement préoccupée par ce qui s'était passé avec son père durant la journée qu'elle ne remarqua pas son voisin qui l'attendait à la sortie du métro.

— Crime, tu finis tard à soir!

— Merde! Tu veux me faire mourir d' une crise ou quoi?

— Désolé, quand j'ai vu que tu n'arrivais pas, je me suis dit qu'il serait préférable que je vienne t'attendre. Traverser le Carré St-Louis à cette heure, ce n'est pas recommandé.

— Tu as bien fait, si tu n'avais pas été là, je l'aurais traversé en courant comme une débile!

— Je t'ai vu faire ça quelques fois, comment ça que tu coures vite de même? Un fantôme ne pourrait pas t'avoir!

— Courir, ça je connais trop! Ailles! Laisse faire les fantômes veux-tu?

— Quoi? Ne me dis pas que tu crois à ça ces affaires-là!

— Bof... Peu importe!

— C'est dur parler avec toi Amanda avec tes bof, tes peut-être, tes je ne sais pas, y a pas moyen de savoir ce que tu penses!

— Bon... C'est quoi que tu veux savoir?

— Et bien... Comme... As-tu quelque chose contre les tapettes?

— Non, mais premièrement, tu ne devrais pas te traiter de tapette.

— Et bien, c'est comme ça que tout le monde dit!

— Et si tout le monde te dit que tu es un imbécile, vas-tu dire que tu l'es? Et puis, on ne dit pas tapette, on dit homosexuel, si tu veux que le monde te respecte, commence donc par te respecter toi-même!

— Je veux qu'on soit ami Amanda, c'est tout... Tu savais que je suis un... comme... un homo?

— Je sais bien que je suis dure d'approche pis que j'ai un maudit défaut, quand quelque chose sort de ma bouche, on dirait que je vais tuer quelqu'un! Évidemment que je le sais que tu es un homo, as-tu vu tes vêtements? Si ça continue, va falloir que je te consulte pour savoir comment m'habiller! Que veux-tu, je suis incapable de mentir pis des fois, ça fait mal aux autres, je suis meilleure pour écrire que pour parler... En tout cas, on est arrivés... On se reparle demain si tu veux, moi aussi ça me ferait du bien d'avoir un ami...

Les deux nouveaux amis se quittèrent dans les marches. Amanda se dépêcha de laver son uniforme à la main pour le lendemain et alla s'asseoir sur le bord de la fenêtre pour contempler la circulation de la rue Sherbrooke. Elle était dans la lune quand elle vit un objet descendre dans son visage. C'était une bouteille de Coca-Cola accrochée à une corde et accompagnée d'un message qui disait « amis? ». Elle courut chercher une boîte de pâtes au fromage instant puis enleva la boisson gazeuse pour la remplacer par la boîte de pâtes et remit le message en y ayant ajouté la correction « amies? ». Elle tira doucement sur la corde pour faire savoir à son voisin qu'il pouvait la remonter et elle attendit sa réaction. Elle l'entendit rire aux éclats et fût satisfaite.

Amanda voulait retrouver sa sœur Caroline. Elle alla à la cabine téléphonique près de chez elle et téléphona à sa travailleuse sociale.

— Marie-Thérèse?

— Amanda! C'est rare que j'aie de tes nouvelles, as-tu des problèmes?

— Non, mais je me demandais si tu avais encore le formulaire au sujet de ma bourse parce qu'il paraît que la grève dont tout le monde parle va se faire.

— Je ne comprends pas Amanda, tu disais que tu ne voulais pas demander à ton père de payer sa part...

— Je sais Marie-Thérèse, mais j'ai dit ça parce que je sais qu'il va dire non, mais il faudrait quand même qu'il sache qu'il est censé de le faire non? Est-ce que ce n'est pas un droit pour moi de lui faire savoir sa responsabilité?

— Tout à fait Amanda et je suis fière que tu acquières enfin cette maturité de connaître tes droits, je t'appuie et je t'envoie ça par la poste dès aujourd'hui!

— Bon... Et comment vais-je faire pour lui faire parvenir?

— Aucun problème, je remplirai la partie supérieure avec ses coordonnées, tu n'auras qu'à le signer et le poster.

— Je savais que je pouvais compter sur toi Marie-Thérèse, merci beaucoup.

Amanda revint chez elle et se mit à rêver à sa sœur. Elle vivait tellement d'inquiétude depuis qu'elle avait appris que Caroline vivait seule avec leur père. Il avait tassé tout le monde. Il avait isolé Caroline de la même façon dont il avait tenté de l'isoler elle aussi. Claude était en appartement depuis un an et n'avait plus aucun contact avec son père. Le pauvre Eddy était toujours placé dans une famille de Wotton et servait aux tâches de la ferme au même titre que le bétail. Le père était le seul à avoir un droit sur lui et ce ne fût que plusieurs années après que le reste de la famille apprit ce qu'avait vécu ce jeune garçon. Amanda connaissait très bien les raisons qui motivaient son père à garder Caroline près de lui, trop près, beaucoup trop près. Elle attendit patiemment le formulaire et le reçut enfin. L'adresse du père apparaissait en entête et elle déchira la partie tant attendue pour jeter le reste du formulaire qui était inutile puisqu'elle savait qu'il refuserait de verser une somme quelconque. Il avait jusqu'ici refusé de participer au montant réclamé par la protection de la jeunesse alors elle ne voyait pas comment il pourrait accepté de verser un montant substantiel destiné à ses études. Elle se débrouillerait en attendant ses dix-huit ans et pourrait ensuite demander une aide financière pour elle-même, ce qui lui laissait encore quelques mois pour retrouver sa sœur et avoir un peu de bon temps avec elle avant son entrée au Cégep du Vieux-Montréal.

Quelques jours plus tard, Amanda prit le métro vers l'est de la ville et débarqua à la station Viau. Elle se dirigea vers la rue Adam, mais comprit vite qu'elle s'exposait trop à la vue de tous et que ressemblant trop à sa sœur, les gens du quartier comprendraient rapidement qu'elle n'était pas étrangère à cette famille particulière qui ne comptait plus qu'un père et sa fille. Elle prit donc la ruelle et se fit très discrète. Elle était tellement menue et frêle qu'avec des vêtements d'enfants, il ne lui restait plus qu'à remonter son capuchon pour passer pour un enfant du quartier jouant au ballon. Personne ne remarqua les regards discrets qu'elle jetait sur le deuxième étage. Elle répéta son manège pendant plusieurs semaines et son jour chanceux arriva enfin. Caroline descendit les escaliers de métal avec ce qui semblait être un billet de deux dollars dans les mains. Amanda se mit à l'abri des regards et suivit discrètement sa petite sœur chérie qu'elle attendait depuis si longtemps. Caroline entra dans le dépanneur et y ressortit quelques instants après avec un pain. Amanda la suivait tout doucement.

— Ne fais pas le saut p'tite sœur... Je suis juste en arrière de toi... Ne te retourne pas!

— Amanda! C'est toi! Je pensais que tu m'avais oubliée!

— Ne pleure pas! Tes yeux vont venir rouges pis il va savoir qu'on s'est vu.

— Je veux te voir Amanda! J'en peux plus! Je ne suis plus capable!

— Connais-tu le gros parc pas loin? Je pense que c'est le Parc Préfontaine...

— Oui, j'y vais souvent quand Popa travaille.

— Parfait, peux-tu y aller demain?

— Oui, mais pourquoi on ne se voit pas aujourd'hui, viens à la maison tantôt pendant qu'il va être parti travailler...

— Non, les voisins vont vite comprendre ce qui se passe et il va s'arranger pour nous éloigner encore. À quelle heure peux-tu aller au parc demain?

— Je peux être là à deux heures si tu veux...

— C'est parfait Caroline, j'ai tellement hâte! Tu ne peux même pas t'imaginer!

— Moi aussi!

— Reste calme, il ne faut pas qu'il se doute de quelque chose. Pis si ça foire, décourage-toi pas, tu vas me voir jouer au ballon dans ta ruelle pis tu vas savoir que c'est moi pis un moment donné ça va marcher.

Caroline se retourna doucement juste avant de reprendre l'escalier de métal, mais Amanda était disparue comme elle était apparue. Caroline s'accrocha un sourire au visage et entra dans le logement en sifflotant.

— T'es donc bien de bonne humeur toi, qu'est-ce qui se passe?

— Rien de spécial l'père! Avouez qu'il fait beau! Je pense que je vais m'asseoir sur la galerie un peu, moi!

— Assois-toi tant que tu veux ma fille, mais n'oublie pas le souper!

— Le souper est déjà fait l'père! Il est dans le frigo pis il y sera encore à soir!

— Ah bon!

Puis le père quitta pour le travail et Caroline pût enfin rêver à toutes les choses qu'elle pourrait partager avec sa sœur le lendemain. L'après-midi et la soirée passa très vite et elle fût soulagée lorsque son père téléphona pour lui dire qu'il ferait des heures supplémentaires. Le lendemain arriva et elles furent enfin réunies. Elles versèrent tellement de larmes qu'elles en avaient toutes les deux le hoquet ce qui les fit enfin sourire et rire.

— J'en reviens pas de tout ce qui t'es arrivé Amanda!

— Moi aussi je n'en reviens pas que tu sois ici, qu'on soit ici toutes les deux, deux filles de la campagne ici dans le parc Lafontaine, à Montréal, pas croyable!

— Comme ça tu rentres au Cégep?

— Je ne sais plus trop Caroline, c'est tellement compliqué étant donné que je suis encore mineure... La protection de la jeunesse accepterait de me faire entrer au Cégep à condition que l'père paie une partie des frais, mais lui, il refuse de donner ne serait-ce que cinq cents et il a aussi refusé de céder ses droits de garde pour des rasions d'impôts. La protection de la jeunesse refuse de tout payer. La mère elle, refuse de céder une partie du chèque d'aide sociale pour moi pis là, la protection de la jeunesse la menace de couper son chèque pour le montant égal à ma garde pour me le remettre sous forme de chèque comme si j'étais sur l'aide sociale. Autrement dit personne ne veut de moi, mais tout le monde veut l'argent que ça donne par exemple! Si je veux réussir, il n'y a qu'un seul moyen, je dois être aux études à temps plein pour avoir droit à une bourse et je dois aussi travailler à temps plein pour compenser le manque à gagner, c'est fou hein! Je pense que je vais continuer à travailler à temps plein, de toute façon, comble de malheur, les Cégeps vont tomber en grève et ça risque de me faire encore plus de tort! Ça va me prendre de l'argent pour le loyer pendant la grève et l'aide sociale refuse de m'aider parce que Moman reçoit déjà un montant pour moi... J'ai tellement hâte d'avoir mes dix-huit ans! Je vais peut-être en arracher, mais au moins ils vont arrêter de faire de l'argent sur mon dos! Pis toi, avec l'père, ce n'est pas rose hein?

— C'est l'enfer Amanda! Si tu savais! Je ne vois plus personne, Moman est fâchée. Elle dit que c'est ma faute si je ne la vois plus, elle ne comprend pas ce que je vis. Ginette fait la « smatte » comme d'habitude, des fois, je me demande qu'est-ce que je fais sur cette terre. J'aimerais mieux mourir…

— Ne dis pas ça Caroline, si tu meurs moi je ne sais pas comment je ferais… On s'est retrouvé et c'est ça qui compte, non?

— Je le sais, mais tu n'es pas là avec moi dans la maison, il se passe des affaires, tu sais?

— C'est quoi qui se passe dans la maison Caroline?

— Je ne le sais pas c'est quoi Amanda, je suis toute mélangée, je ne sais pas si c'est normal…

— Je t'écoute Caroline, vide-toi le cœur pis si ce n'est pas grave je te le dirai pis on rira ensemble OK?

— Parfait. Je veux savoir si c'est normal qu'on ait juste un lit.

En entendant ces mots, Amanda s'enfonça les ongles dans l'herbe sous elle. Ses Craintes étaient fondées et elle ne devait pas paniquer devant sa sœur laissant celle-ci se vider enfin le cœur et l'encourager à exprimer ce qu'elle vivait.

— Ce n'est pas normal que tu dormes avec l'père Caroline et tu as raison de m'en parler. Tu peux me faire confiance, je sais très bien de quoi tu parles...

— Oui, mais il n'est pas violent, il ne me bat pas!

— Pas besoin de te battre pour te faire mal, il te fait mal dans ta tête, dans ton cœur et... est-ce qu'il te fait mal dans tes entrailles?

— Je ne sais pas Amanda. Des fois, je viens tout étourdie et il m'oblige à faire une sieste avec lui et après, je ne me sens pas bien, mais je ne me souviens de rien. Ça prend des heures à revenir à la normale et je finis par tout oublier. Pis des fois, il me frappe les fesses en rigolant, mais je n'aime pas ça parce je sens ses mains insister loin et j'ai l'impression que ce n'est pas correct ce qu'il fait, comprends-tu?

— Oh que oui! Je comprends et je vais te donner des trucs OK? Il faut que tu reprennes le contrôle de ton corps. Premièrement, je veux que tu surveilles tes assiettes et tes verres. Ne mange rien et ne bois rien si c'est lui qui t'a servi... Va de l'avant, dis-lui que tu veux être gentille et prends le contrôle de tout ce que tu manges ou bois, sers les assiettes toi-même et ne laisse jamais ton assiette sans surveillance, tu comprends?

— Tu penses qu'il met quelque chose dans ma bouffe!

— Oui Caroline, je pense qu'il te drogue! Ensuite, je veux que tu t'affirmes et que tu lui dises que tu veux ton lit. Ne lui dis surtout pas à quel point tu as des doutes, car il pourrait très mal réagir. Dis-lui que tu changes, que ton corps change et que tu as besoin de ton intimité. Si tu veux qu'il te foute la paix tu dois lui montrer que tu n'es plus une enfant, il faut que tu deviennes une femme et je te jure qu'il va te laisser tranquille. Il ne veut pas abuser d'une femme, il veut abuser d'une enfant, alors soit une femme!

— Il ne me laissera jamais faire! J'ai juste quinze ans!

— Il va tellement avoir peur en découvrant la femme en toi que je te jure qu'il va te foutre la paix! Fais-moi confiance! Change tes vêtements, porte un décolleté, porte une brassière et exagère tes seins s'il le faut! Maquille-toi, attache tes cheveux sur le dessus de la tête, mais laisse-toi un toupet, use de ton charme! Tu dois le déstabiliser et il va comprendre que dorénavant c'est d'adulte à adulte et je te jure qu'il va avoir peur pour son cul! Il va te tester et te poser des questions sur les garçons, traumatise-le! Dis-lui que tu en sais en bail là-dessus, qu'à l'école ça se parle beaucoup et que tu sais comment les adultes font l'amour, dis-lui aussi qu'à l'école, il y a des condoms qui circulent...

— Ce n'est pas vrai tout ça Amanda!

— Je le sais, tu le sais, mais pas lui! Tu peux même en rajouter en disant que c'est bien différent maintenant que dans son temps...

— Je commence à comprendre Amanda! Tu veux que je me fasse passer pour une fille qui connaît des affaires et il va avoir peur que je le dénonce, c'est ça?

— C'est en plein ça! Moi, entre-temps, je téléphone à ma travailleuse sociale pour l'informer de la situation et je peux même appeler Moman si tu veux...

— Tu es folle, elle va te tuer!

— Bien non, elle ne peut pas me tuer au téléphone quand même! Au pire elle va crier comme d'habitude, mais je m'en fous, pourvu qu'elle fasse quelque chose.

— C'est vrai que j'aimerais encore mieux vivre avec elle plutôt qu'avec ce vieux cochon-là!

— Bon! Là je reconnais ma petite sœur!

— Ne me laisse pas tomber Amanda!

— On va s'arranger pour se voir... À la buanderie! Oui, c'est ça! On se donne rendez-vous une fois par semaine à la buanderie et l'on va pouvoir parler pendant tout mon lavage, ça marche? Tu me tiens au courant comment ça se passe avec lui, je vais t'aider comme je le peux et je commence mes démarches avec la travailleuse sociale et Moman dès demain matin! Toi de ton côté tu insistes pour tes droits, je veux que tu lui dises que tu veux revoir ta mère et qu'il n'a pas le choix. Tu dois aussi faire en sorte qu'il ait un peu peur, mais pas trop. Je vais aussi faire en sorte d'avoir le droit d'entrer chez toi!

— T'es certaine de ça?

— Oh que oui! Tu n'es plus toute seule!

Caroline avait changé d'attitude et avait passé d'enfant ignorante à jeune femme décidée. Roger ne comprit jamais ce qui avait provoqué ce changement chez sa fille et se mit à craindre qu'elle exprime des choses qu'il préférait garder secrètes. Il cessa d'abuser d'elle, mais développa une colère qui devint par la suite incontrôlable. Amanda avait aussi tenu parole, elle avait avisé sa travailleuse sociale de la situation et celle-ci rencontrait maintenant Caroline directement à l'école, à l'abri du père. Caroline déclara beaucoup plus de choses graves comme si elle faisait maintenant plus confiance à sa mémoire. Amanda téléphona également à sa mère, elle savait que ce serait difficile et que probablement sa mère n'écouterait pas ce qu'elle avait à lui dire, mais elle devait essayer.

— Moman? C'est Amanda.

— Manda! C'est quoi que tu veux, ma p'tite crisse? J'ai dit à ta chère travailleuse sociale que je ne veux pas que tu appelles!

— Justement! Parlant de travailleuse sociale, moi aussi je lui ai téléphoné, mais pas pour moi! Te souviens-tu que tu as une autre fille aussi? Pis qu'elle s'appelle Caroline!

— Ah oui! Tu es bien bonne là-dedans toi les travailleuses sociales hein?

— Il faut bien que quelqu'un le fasse! Sais-tu ce qui arrive à Caroline à cause que tu l'as abandonné elle aussi?

— Qu'est-ce qui se passe encore?

— Il la viole pis il la drogue!

— Pouah! Encore des menteries!

— Non! Ce n'est pas des menteries! C'est elle qui me l'a dit! Il faut que tu fasses quelque chose pis vite parce qu'elle veut mourir! Tu peux peut-être sauver une de tes filles, tu n'es plus avec lui après tout, tu n'as plus à choisir! Tu étais bien bonne là-dedans choisir un mec avant tes propres enfants! C'est ça que tu as fait avec moi! Si tu ne fais rien pour elle, c'est moi qui vais le faire, dès que j'aurai mes dix-huit ans, je vais m'occuper d'elle pis de Eddy aussi! Te souviens-tu que tu as un fils aussi? Il est encore placé dans une famille à Wotton pis ils l'utilisent comme du bétail pour les travaux sur la ferme, mais ça, toi, tu t'en fiches hein? Lâche ta bière pis occupe-toi donc de tes enfants!

Amanda ne savait pas qu'elle parlait toute seule, sa mère lui ayant raccroché la ligne au nez et lorsqu'elle entendit finalement le déclic de la ligne, cela la mit dans un état de colère brute. Elle abaissa le combiné avec violence à plusieurs reprises sur l'appareil public pour toutes les fois où elle aurait voulu que sa mère intervienne en sa faveur lorsqu'elle avait été abusée par le père. Elle frappait aussi pour toutes les volées qu'elle avait subies et toutes les personnes qui l'avaient abandonné avec ses souffrances. Le combiné finit par casser en deux laissant voir le filage interne et Amanda s'effondra en larmes dans le fond de la cabine. Les passants contournaient les lieux croyant avoir affaire à une délinquante droguée. Dans les jours suivants, les événements se succédèrent enfin. Les services sociaux ordonnèrent que Caroline soit retirée de chez son père sur-le-champ. Le père avait fait des menaces à la travailleuse sociale et aux policiers, mais ceux-ci en avaient vu d'autres et avaient réussi à mettre l'adolescente à l'abri. La mère accepta de prendre Caroline et accepta également, à la surprise de tous, de recevoir de l'aide pour cesser sa consommation d'alcool qui était une condition essentielle à la garde de sa fille. Amanda pouvait enfin lâcher prise. Elle avait fait tout ce qui était en son pouvoir et elle était satisfaite d'avoir été à la hauteur des attentes de sa sœur. Elle dormit pendant plusieurs jours jusqu'à avoir l'instinct de se relever pour ne pas mourir dans son lit. Elle but un peu d'eau, mangea quelques miettes de pain et alla à la fenêtre. Elle savait qu'elle devait vivre malgré tout et décida de reprendre son quotidien en main. Elle retourna à son travail après que Marie-Thérèse eut expliqué à l'employeur ce qu'elle venait de vivre et celui-ci l'accueillit avec respect. Deux semaines après l'arrivée de Caroline chez sa mère, Amanda prit son courage à deux mains et téléphona chez cette dernière.

— Moman, je veux juste m'excuser pour les mots que je t'ai dit l'autre jour pis je veux voir ma sœur.

— Je ne veux pas te voir icitte!

— Ah non! Pas encore! Tu as bu, c'est ça?

— Je fais ce que je veux, tu m'entends?

— Oui…oui! Je veux juste voir Caroline! J'ai un droit de visite et je m'ennuie d'elle.

— Fais ce tu veux… de toute façon c'est toujours ce que tu as fait!

Amanda se rendit sur la Rive-Sud et trouva l'adresse de sa mère. Elle savait bien qu'elle ne serait pas bien reçue par sa mère, mais juste l'idée de voir sa sœur lui redonnait un peu de courage. Elle arriva au logement et resta sur le trottoir en avant de la porte-fenêtre. Il faisait très chaud et celle-ci était grande ouverte. Un gros chat jaune grimpait dans la moustiquaire et un gars étranger à Amanda lui donna une claque pour le faire tomber. Il la regarda et se retourna vers l'intérieur.

— Ginette! Qu'est-ce tu as mis dans mon joint pour que j'hallucine de même?

— Hein? De quoi parles-tu Micke?

— Regarde! Caroline est dans la cuisine pis dehors en même temps!

— Hein? Maudit cave! Ce n'est pas Caroline! Moman! Manda est là! Ne reste pas là épaisse! Rentre!

Amanda restait figée sur le trottoir et se demandait quoi faire. Il y avait une telle fumée dans le logement qu'elle aurait pu être coupée nette au couteau. Une odeur de haschich parvint jusqu'au trottoir et il devait y avoir plus de huit personnes entassées sur le même divan qui criaient pour encourager Les Canadiens de Montréal qui venaient tout juste de compter contre Les Nordiques de Québec. Denise resta assise à la table et se contenta de se retourner la tête pour s'adresser à sa fille.

— Ouais... quand même bien que je dirais que tu n'es pas ma fille...personne ne me croirait... câlisse que tu me ressembles! On dirait moi quand j'avais ton âge!

Denise revint face à la table et vida ce qui restait de sa bière et lorsqu'elle se retourna, Amanda avait disparu. Elle avait décidé de ne pas entrer. Elle avait vu sa sœur au fond de la cuisine et celle-ci semblait heureuse malgré tout et cela lui suffisait. Elle avait voulu s'assurer que sa sœur était en sécurité et elle semblait l'être. Amanda ne pouvait rien de plus pour elle ni pour sa mère. Cette dernière ne semblait pas avoir tenu sa promesse de cesser de boire, mais le temps que quelqu'un s'en mêle, sa sœur serait assez vieille pour faire ce qu'elle avait à faire. Amanda était épuisée de vouloir sauver tout le monde autour d'elle. Le drame de sa mère semblait incurable et lorsqu'elle avait entendu sa voix à travers le logement, elle n'avait pas ressenti ce qu'une enfant est censée ressentir en voyant sa mère après une longue absence. Elle n'avait rien ressenti. Peut-être l'absence avait-elle été trop longue…ou peut-être n'avait-elle tout simplement jamais eu de mère.

CAHIER 24

Amanda avait ses dix-huit ans le jour même. Elle était très loin de ce qu'elle croyait vivre en ce jour si important. Laissée à elle-même, elle perdait tout. Elle avait téléphoné à sa travailleuse sociale quelques jours plus tôt pour lui demander comment se faisait-il qu'elle avait reçu un chèque du montant de la moitié prévue et lui demanda comment elle ferait pour payer le loyer. Celle-ci lui avait répondu sèchement que puisqu'elle avait eu dix-huit ans à la moitié du mois, qu'elle n'avait droit qu'à la moitié du chèque des services sociaux et qu'elle devait faire une demande d'aide sociale. Amanda s'était donc présentée aux bureaux de ceux-ci, mais ils avaient refusé de l'aider puisqu'elle était étudiante et qu'elle travaillait à temps partiel. Ils lui avaient conseillé de faire une demande de prêt et bourses, ce qu'elle fit. Ce fût également refusé sous prétexte que son père gagnait trop et qu'il refusait de payer sa partie légale. Le propriétaire avait mis un cadenas sur sa porte et elle était à la rue avec rien que son corps, sa robe jaune et son sac de coton dans lequel elle avait les cahiers qu'elle écrivait depuis déjà plusieurs années, une partition de violon chiffonnée, son appareil photographique Kodak 126 et son uniforme de matelot pour le travail. Elle avait téléphoné un organisme qui œuvrait auprès de jeunes itinérants, Le Hamac, à La Prairie, sur la Rive-Sud de Montréal. L'homme à la voix plutôt gentille lui avait expliqué comment se rendre. Elle ne pouvait s'imaginer à quel point ce serait pénible.

Elle entreprit son périple à 11:00 heures. Elle descendit la rue Hotel-de-Ville jusqu'à la rue Ontario et se dirigea vers le pont Jacques-Cartier. Il y avait une vieille maison délabrée ainsi qu'un dépanneur juste avant la bretelle du pont. Amanda fut attirée par les paroles de Johnny Cash qui disait « because... I walk the line... » et se demanda si cette musique envoûtante provenait de la maison ou du dépanneur. Elle comprit vite que c'était le motard sur sa galerie qui écoutait cette musique. Elle fit une mine d'étonnement, car c'était la première fois qu'elle voyait un gars à « patch » se bercer. Elle entra dans le dépanneur et le vieux au comptoir se dépêcha de chialer au sujet de son voisin bruyant. Amanda choquée par ses propos décida qu'elle ne paierait pas ses achats. Elle vola un morceau de fromage et un pain qu'elle cacha dans son sac et sortit du dépanneur en disant au vieux qu'il était beaucoup trop chialeux. Elle sortit ensuite du dépanneur et se dépêcha de manger tout en marchant. En passant devant la maison du motard, elle remarqua un avis de la ville qui disait simplement « expropriation » en ce 14 de juin 1984, cet homme n'aurait bientôt plus de chez lui et semblait plutôt usé par la vie tout comme elle. Elle lui montra le pouce en l'air pour lui faire savoir qu'elle le comprenait, il fit de même comme s'il avait deviné la situation. Il n'y avait plus de Coco à son parrain, il n'y avait plus de petite fille à Papa ou à Maman, il n'y en avait jamais eu de toute façon, il n'y avait plus de jeune fille studieuse qui voulait réussir à tout prix. Il n'y avait plus de princesse à Pierre ni de cocotte à Benoît. Elle n'existait plus pour personne. Il y avait bien ce gros chien qui la suivait depuis déjà un bon moment, mais Amanda l'ignorait, elle ne voulait pas de lui parce qu'à ses yeux, il avait plus de valeur qu'elle. Lui au moins, il avait une médaille donc, une famille, un maître… Elle par contre, n'était rien et n'avait rien. Elle se tourna brutalement vers le chien et lui cria de s'en aller, qu'elle ne l'aimait pas, qu'elle n'aimait personne, tentant de se convaincre plus elle-même que le chien. Ce fut seulement lorsque Amanda fit semblant de vouloir le frapper qu'il se résigna à la laisser. Il resta planté sur le trottoir et regarda Amanda s'éloigner avec la certitude qu'elle n'était pas ce qu'elle paraissait être. Amanda se retourna deux fois pour vérifier s'il était resté au loin. Elle était persuadée au plus profond d'elle-même que si ce chien la suivait, il souffrirait aussi. Elle préférait qu'il reste le plus loin possible d'elle.

Elle arrêta au milieu du pont pour reprendre son souffle et en profita pour photographier un pigeon en plein vol. Il était rare qu'elle prenne des photos, car les pellicules coûtaient cher. Elle se remit en marche et arriva sur le boulevard Lafayette pour ensuite suivre les indications pour atteindre le Boulevard Taschereau. Elle marcha pendant plus de quatre heures supplémentaires et traversa plusieurs villes, dont Longueuil, St-Hubert, Charles-Lemoyne et Brossard. Une pluie s'abattit soudainement sur elle, mais elle n'en fit aucun cas. Après avoir marché tellement d'heures au soleil plombant, cette pluie était presque un cadeau. Elle marcha et marcha encore, sans s'arrêter aux regards des autres, sans penser à sa faim, sa soif et sa fatigue. Elle vit enfin les mots « La Prairie » au loin. Amanda fut accueillie par l'équipe de soir vers 20 :30 heures. Elle fut reçue avec un respect irréprochable. On la fit asseoir et on lui offrit un café. Elle raconta son périple et donna un faible aperçu de son vécu. On lui expliqua qu'elle était au bon endroit et qu'elle recevrait de l'aide.

Ce fut ainsi. En vingt et un jours, l'équipe avait fait des pieds et des mains pour que cette jeune fille trop douce ne se retrouve pas dans le fond d'une ruelle avec une aiguille dans un bras. Ils avaient même été jusqu'à modifier les règles de leur établissement afin de permettre à Amanda de ne pas perdre son emploi qui lui était si cher. Ayant appris qu'elle était arrivée le jour de son dix-huitième anniversaire, ils lui offrirent une fête avec gâteau et entourée de tous les jeunes qui étaient sur place. Amanda fut extrêmement touchée par ce geste qu'elle n'oublierait jamais. Quelques semaines plus tard, elle avait repris le contrôle de sa vie, s'était retrouvé un appartement et travaillait à temps partiel. Elle n'avait toutefois pas réussi à réintégrer le Cégep, car elle était épuisée psychologiquement. Elle fit donc plus d'heures au travail et prit un peu le dessus financièrement. Elle ne mit pas fin à son rêve de terminer ses études. Elle y rêvait encore, mais cela lui semblait bien loin. Qu'elle ait pu survivre aux dix-huit dernières années lui suffisait amplement.

Jean-Louis, l'intervenant social lui avait manifesté de l'intérêt et alla la visiter régulièrement à son appartement. Il apprit à Amanda à jouer au backgammon. Amanda restait incapable de s'investir dans une relation, mais elle appréciait grandement la présence de ce jeune homme dans la vingtaine. Il faut dire qu'il était d'un charme peu commun, à la fois calme et drôle. Il avait un don pour voir les choses sous leur meilleur angle et entrevoyait toujours une solution sans l'imposer. Amanda pensait encore trop souvent à Pierre et à Benoît et se demandait comment elle pourrait s'intéresser maintenant à Jean-Louis. Rien n'avait été terminé ni avec Pierre ni avec Benoît et c'était maintenant au tour de Jean-Louis de lui manifester ses sentiments? Amanda était décidée à ne pas retomber dans le piège de l'amour. Ce fut pourtant ce qui arriva lorsque Jean-Louis s'approcha d'elle pour l'embrasser la première fois. Elle fut incapable de le repousser. Tout ce qu'elle voyait à travers chacun de ses gestes et chacune de ses paroles lui interdisait de le rejeter. Peut-être était-il celui qui viendrait mettre un baume sur toutes ses blessures vives? Elle ne le savait plus. Tout ce dont elle était certaine était que ce garçon était d'une très grande intelligence et donc qu'il comprendrait son bagage trop lourd, qu'il lui faisait aussi du bien sur le plan affectif et que c'était justement ce dont elle avait besoin. Elle décida de se laisser la chance de guérir de son passé tout en envisageant un meilleur avenir. À dix-huit ans, on ne sait pas que tant que le passé n'est pas compris et assimilé le futur ne devient qu'une succession d'événements destinés à nous rappeler ce qui n'est pas terminé.

CAHIER 25

Amanda tenta deux fois de contacter Benoît sans succès, elle voulait le rencontrer pour comprendre où elle en était avec lui. Elle n'était pas convaincue de ne plus l'aimer et elle avait besoin de cette réponse avant de s'engager avec Jean-Louis. Elle voulait aussi savoir s'il était capable de lui pardonner pour ce que son père lui avait fait. Elle avait besoin de lui dire qu'elle se sentait responsable de tout ce qu'il vivait, mais il resta introuvable. Pierre aussi était introuvable. Amanda décida donc qu'il serait probablement honnête de sa part de vouloir refaire sa vie. Elle rangea la lettre de Pierre dans son coffre. Les rencontres avec Jean-Louis se succèdent et ils devinrent plus intimes.

Ils étaient en direction de Candiac pour un souper de famille chez les parents de Jean-Louis lorsque Amanda se rendit compte qu'il serait mieux pour elle de garder confidentielles certaines informations sur Benoît.

— As-tu vu ce modèle d'auto? C'est exactement ce que ma mère vient de s'acheter, sauf qu'elle est plus foncée, je ne l'ai pas vu encore, on va la voir tantôt.

— C'est vrai que c'est un beau modèle, mais il y a vraiment des lacunes au niveau de la sécurité.

— Ah oui! Comment ça?

— Ils auraient du mettre un peu moins l'accent sur les options de luxe comme la chaîne stéréophonique et les rétroviseurs illuminés et ils ne devraient pas mettre les noms de fournisseurs de ces options partout comme ça sur l'auto, ils seraient aussi bien prendre un mégaphone et crier aux voleurs de venir les cambrioler.

— Ouais, je n'avais jamais vu ça de même, mais j'avoue que tu n'as pas tort.

— On dirait que tous les modèles qui finissent par le son « i » sont une invitation au vol!

— Hein?

— C'est une « Audi »?

— Oui...

— C'est ce que je disais! Tu avertiras ta mère que c'est le modèle le pire pour être cambriolé et elle devrait s'installer un système d'alarme indépendant de celui fourni par le constructeur ou encore mieux, modifier celui-ci à partir du petit cerveau électronique sous le volant.

— Hein? Comment ça?

— Parce que le caoutchouc de la porte est très facile à déplacer avec un cintre crochu, cinq secondes et c'est fait; le bouton électrique qui sert à débarrer la porte est sur le dessus de la poignée intérieure donc, juste à lui donner un petit coup de cintre et la porte s'ouvre; le dispositif d'alarme a été fabriqué pour déclencher quarante-cinq secondes après que la porte ouvre, ce qui laisse le temps au conducteur de le désamorcer en cas d'oubli, un tout petit « bip » se fait entendre pour avertir que le dispositif n'a pas été désamorcé.

— C'est correct ça non? Pourquoi dis-tu que ce n'est pas sécuritaire?

— Jean-Louis! Ça prend beaucoup moins de quarante-cinq secondes pour voler une automobile! Imagine que tu te stationnes au centre commercial, tu débarques, tu actives ton alarme et tu pars magasiner en pensant que tout est parfait. Malheureusement pour toi, il y a quelqu'un qui t'observe, il en déduit que tu entres au centre commercial pour au moins une demi-heure, autrement tu serais allé ailleurs. Le voleur attend que tu sois à l'intérieur et s'approche rapidement de ton auto. En cinq secondes, il force le caoutchouc de la porte, ton auto fait juste un « bip » pour t'avertir sauf que tu es dans le centre commercial, donc tu ne l'entendras pas. Il désactive ensuite le système d'alarme en le déprogrammant directement en dessous du volant, ce qui prend dix secondes, ce qui fait un total de quinze secondes. Ce qui veut dire qu'il aurait le temps de manger un petit gâteau « Vachon » et de déboucher une cannette de « Pepsi » avant même de partir avec ton automobile! Et toi tu ressors du centre commercial une demi-heure plus tard pour t'apercevoir que ton automobile est disparue. Je ne voudrais surtout pas te décourager, mais en une demi-heure, elle serait probablement déjà rendue dans un conteneur du Vieux-Port de Montréal!

— Merde! Il faut vraiment que j'explique ça à ma mère!

— Il faut qu'elle désactive la fonction « avertissement » sur la petite boîte carrée qu'ils fournissent. Imagine un peu la tête du voleur qui est convaincu que le système ne déclenchera pas avant quarante-cinq secondes! Je les connais tous les trucs, tu vois ce modèle-là? Et bien lui le problème est que quand on...

Amanda continua à expliquer à Jean-Louis tout ce qu'elle savait sur les modèles d'automobiles ainsi que leurs faiblesses de sécurité. Toutes les marques y passèrent et après plusieurs minutes de conversation, Jean-Louis commença à se poser de sérieuses questions.

— Comment ça se fait que tu connaisses tout ça?

— Je te l'ai dit Jean-Louis, j'ai beaucoup de vécu pour une fille de dix-huit ans.

— Ouais! Mais tu ne m'as pas dit que tu volais des automobiles... tu ne t'es jamais fait prendre toujours? Tu n'as pas dossier judiciaire hein?

— Oh là! Moi, je n'ai jamais rien volé sauf un morceau de fromage et un pain... ah oui... et les lunettes à ma sœur! On me payait pour surveiller la cible pour m'assurer qu'il ne rebrousse pas chemin avant d'être entré au centre commercial. Je devais les avertir par gestes s'il y avait quelque chose de louche... c'est tout!

— Et bien, dis donc! Tu es une fille surprenante toi! Ça ne vient certainement pas de toi des affaires de même! C'est ton Benoît qui t'a entraîné là-dedans?

— J'étais d'accord! Benoît n'avait rien à y voir!

— Ouais... mais tu ne le faisais pas seule quand même?

— Peu importe Jean-Louis, prend ça comme de l'information. Ça va servir dans ta famille! S'ils écoutent mes conseils, ils ne se feront pas voler leur automobile! C'est fini pour moi ces affaires-là, mais aujourd'hui, ça sert... ça s'appelle prendre du pas bon pour en faire du bon!

— Wow! Tu sais que tu es épatante toi? Je suis vraiment heureux que tu aies choisi…le bon… comme tu dis.

Amanda fit dévier la conversation, car elle ne voulait pas avoir à justifier les gestes de Benoît. Elle souffrait encore beaucoup du silence de celui-ci et même si elle tentait de refaire sa vie, la situation entre Benoît et elle restait sans réponse. Ils arrivèrent à la nouvelle demeure des parents de Jean-Louis et Amanda fut reçue avec attention. La mère de Jean-Louis était une femme moderne qui travaillait dans le domaine de l'achat de bois. Le père était une personne réservée qui oeuvrait dans le filage téléphonique et se passionnait pour tout ce qui était électronique. Amanda ne ressentit aucun jugement de leur part, et ce malgré leur statut social. Elle participa rapidement à la conversation et se sentit respectée. Elle se mit même à rire avec eux de tout et de rien. Jean-Louis entreprit alors d'expliquer à ses parents les changements qu'ils devaient faire pour rendre leur véhicule plus sécuritaire. Amanda eut si peur qu'il révèle des détails sur elle qu'elle en renversa son verre de vin sur la nappe. La mère de Jean-Louis l'aida et ce faisant, elle oublia les escargots à l'ail qui cuisaient et ceux-ci se mirent à exploser dans le micro-ondes. Jean-Louis se leva rapidement pour aider sa mère et se cogna vilainement le coude sur la rampe d'escalier qui séparait la petite salle à manger du salon un demi-étage plus bas. Son père le regarda en s'écriant : « Jamais deux sans trois! ». Jean-Louis tapa un clin d'œil à Amanda la rassurant. Elle comprit qu'il n'avait nullement l'intention de la trahir. Comme si toutes ces mésaventures étaient destinées à les rapprocher encore plus, ils se remirent à manger, à boire et à rigoler sur plusieurs sujets de la vie. Amanda savait maintenant qu'elle avait fait les bons choix. Elle avait toujours cru qu'il était possible de vivre normalement malgré un lourd passé et elle entendait bien se prendre en main. Cela prendrait le temps qu'il faudrait. Elle resterait auprès de ce jeune homme qui avait une cellule familiale saine, elle travaillerait à temps partiel et irait enfin réaliser son plus grand rêve qui était de finir son Cégep en Lettres. Convaincue qu'elle aurait droit à une vie normale en s'engageant plus sur le plan émotif avec Jean-Louis, elle accepta son offre d'emménager avec lui.

Les Cahiers de Manda

CAHIER 26

Amanda tenta d'aider son frère Claude en l'hébergeant. Le gérant du restaurant avait informé Amanda qu'il serait transféré à la succursale de Brossard rapidement et qu'il était un peu triste à l'idée de ne plus travailler avec elle, au fil du temps ils avaient développé une relation de respect mutuel et il admirait Amanda pour tout le courage dont elle avait fait preuve jusqu'ici. Amanda lui confia alors qu'elle avait l'intention d'emménager avec Jean-Louis et qu'elle devrait elle aussi quitter cet emploi pour se trouver autre chose sur la Rive-Sud de Montréal. Le gérant lui suggéra immédiatement d'être transférée à la même succursale que lui. Amanda lui demanda quelques semaines de congé pour déménager et s'offrir un moment de repos. Il accepta. Elle expliqua alors à son frère Claude qu'il devait se prendre en main, car elle déménagerait sous peu avec Jean-Louis et qu'elle parlerait de lui à son patron. Il riposta sous prétexte qu'il n'accepterait jamais de porter un uniforme de matelot pour vendre des frites. Elle lui répondit que c'était à lui de voir, qu'il avait le choix, mais qu'elle parlerait quand même de lui à son gérant au cas où il changerait d'avis. Il décida de s'installer sur la Rive-Sud lui aussi. Amanda emménagea avec Jean-Louis avec toutes les meilleures intentions du monde. La musique faisait partie de leur quotidien et cela affectait positivement Amanda. Elle découvrit également la personnalité de Marc, leur colocataire. Ce dernier était un artiste dans l'âme et cela venait rejoindre Amanda au plus profond d'elle, dans ce qu'elle avait de plus secret. Elle aussi, avait une âme qui ressentait le besoin de s'exprimer par les arts, mais elle préférait garder son secret, car elle savait que pour une fille de son statut social, les arts restaient impensables, on ne gagne pas sa vie avec les arts, à tout de moins, ce n'était qu'un passe-temps disaient tous. Elle ne renonça pas pour autant à l'écriture, mais espaça les périodes d'écriture. Ce fut une grave erreur de sa part. Elle devint profondément malheureuse et incapable d'exprimer verbalement tout ce qu'elle aurait pu mettre sur papier. Ce fût le début d'une longue perdition et de débâcle.

Son frère Claude la contacta pour accepter l'offre de travailler dans le même restaurant qu'elle. Elle le présenta à son patron. À peine trois semaines plus tard arriva la honte. Amanda venait tout juste de débarquer de l'autobus numéro 52 sur le boulevard Taschereau lorsqu'elle entendit les sirènes de policiers. Elle leva les yeux cherchant d'où venait toute cette action subite. Elle reconnut son frère au loin qui courrait à vive allure tout en tenant un objet métallique qui brillait sous le soleil.

Lorsqu'il passa à sa hauteur, mais de l'autre côté du boulevard, elle comprit qu'il s'agissait de la caisse du restaurant, il venait de cambrioler le restaurant et s'enfuyait maintenant en portant la caisse pleine d'argent d'une main et en tenant fermement son chapeau de matelot sur la tête de l'autre main. Amanda ne comprit jamais pourquoi il avait tant tenu à ne pas perdre son foutu chapeau lui qui le haïssait autant. À bout de souffle, il fut épinglé quelques rues plus loin. Lorsque Amanda entra dans le restaurant, son sort était déjà jeté. Les regards l'accusaient en silence. Tous crurent que Amanda était complice. Le gérant lui annonça à la minute même que le poste de caissière lui était retiré jusqu'à la fin de l'enquête. Amanda se contenta du poste à la friteuse, aussi déterminée qu'eux à faire la lumière sur ce qui venait de se passer. Malheureusement pour elle, ses collègues et son patron la condamnaient avant l'issue de l'enquête. Le jour même, l'argent du dépôt disparut sur le bureau du gérant et Amanda fut immédiatement pointée du doigt malgré le fait qu'elle n'avait pas mis les pieds dans le bureau. Elle était figée à la friteuse et n'osait plus faire un seul pas de peur d'être accusée de quelque chose. Elle ragea contre son frère pendant toute la journée. Lorsque les policiers la rencontrèrent avant la fermeture pour vérifier certains éléments elle en profita pour leur demander de mettre plusieurs coups de pied au cul de son frère de sa part. Elle continua de rager contre lui pendant tout le trajet du retour. Lorsque Amanda raconta à Jean-Louis ce qu'elle venait de vivre, elle ne reçut pas l'appui dont elle avait besoin.

— Tu aurais dû le voir, il avait l'air tellement épais à courir comme ça!

— Et tu étais où toi?

— Je venais juste de débarquer de l'autobus, je n'ai même pas fait un coin de rue!

— Il ne t'avait pas dit ce qu'il voulait faire?

— Tu peux être certain que si j'avais su, je ne l'aurais pas laissé faire. C'est mon travail, lui, on sait bien, il s'en fout, il fait ses conneries et après il s'en va ailleurs, mais moi, c'est mon job, ma paie, je pourrais me retrouver sans salaire à cause de lui, déjà que je gagne si peu!

— Je n'en reviens pas! Tu es certaine que tu n'as rien à voir avec tout ça, après tout tu as déjà trempé dans des affaires louches…

— Quoi! Je ne peux pas croire ce que tu viens de me dire! Va te faire foutre!

— Ne prends pas ça de même! Je vérifie, c'est tout!

— Foutaise! Tu es pire que la police! Au moins, eux autres, ils ont pris le temps de vérifier avec le chauffeur d'autobus pour savoir si je disais vrai! Toi, tu me juges et peu importe ce que je dirai ou ferai, tu me jugeras quand même!

— Tu as juste à me parler plus, tu ne me dis jamais rien, il faut toujours tout deviner avec toi!

— Je te l'ai dit Jean-Louis, je n'ai rien à voir là-dedans et ce n'est vraiment pas le temps de parler de mon blocage.

— Ouais! Ce n'est pas moi qui te le fais dire, ce n'est pas qu'un blocage, c'est un barrage! Tu es pire que la Manic5! En tout cas, je ne veux pas le voir ici, un gars qui est capable de faire ça à sa sœur, voyons donc, ça n'a pas d'allure!

— Tu as raison Jean-Louis, ça n'a pas d'allure comme tu le dis, mais arrête de m'emmerder avec tes commentaires et surtout tes doutes parce que tu vas voir que quand on ouvre un barrage, ça peut fait bien des dégâts!

Les Cahiers de Manda

CAHIER 27

Amanda perdit son emploi quelques semaines plus tard. Le gérant avait donné comme explication que cela était devenu impossible pour les autres employés de lui faire confiance, que ceux-ci se méfiaient d'elle à aller jusqu'à en avoir peur. Amanda le trouva ignorant et foutit le camp en claquant la porte. Revenue à la maison, elle ressortit la lettre que Pierre lui avait écrite et qu'elle gardait précieusement dans un petit coffre en bois dans sa table de chevet. Jean-Louis lui reprochait avec raison d'être renfermée et elle se souvint que Pierre lui avait déjà fait le même reproche. Benoît aussi lui avait déjà dit la même chose. Elle resta au lit quelques heures à se remémorer toutes ces choses secrètes qu'elle avait gardé enfouies en elle et se demandait comment elle ferait pour exprimer ce qu'elle avait à dire sans exploser comme un volcan, elle avait peur de devenir folle tellement l'anxiété prenait trop de place. Elle craignait qu'une révélation en entraîne une autre, puis autre et encore une autre jusqu'à ce que son entourage, écœuré par les duretés des mots refoulés ne la somme de se taire à nouveau. Elle se mit à penser à sa grand-mère qui lui avait souvent expliqué le secret pour faire un bon poisson fumé. Il fallait le confiner dans un espace clos, lui fournir de la matière combustible comme des branches de bouleau détrempées et jouer juste assez avec l'oxygène pour qu'il fournisse la précieuse fumée, sans trop en donner pour ne pas que les flammes prennent. Elle devait être comme ces fours extérieurs que sa grand-mère entretenait sur la grève de Métis-sur-Mer, pleine de petites branches de bouleau prêtes à s'enflammer à la moindre étincelle et qu'il fallait étouffer pour ne pas rater la recette. Elle s'endormit en ayant la sensation d'être assise sur la grosse roche plate face à ce qu'on appelle la mer, mais qui n'est en réalité qu'une partie du Fleuve St-Laurent; le seul endroit au monde où une section d'un fleuve contient de l'eau salée. Elle se réveilla plusieurs heures plus tard en oubliant de ranger la lettre de Pierre. Elle sortit faire des courses et revint que plusieurs heures après, elle avait marché le long du chemin Chambly réfléchissant à la façon de s'y prendre pour faire le ménage de ses pensées, elle ne pouvait pas transmettre autant d'informations à Jean-Louis sans y mettre un peu d'ordre auparavant, car le pauvre deviendrait aussi sinon peut-être encore plus fou qu'elle. Il avait beau avoir fait des études en travail social, rien ne pouvait préparer ce jeune homme à la comprendre; ce qu'il savait sur elle n'étant en fait que la pointe de l'iceberg. Elle n'avait jamais raconté toutes les atrocités dont elle avait été victime puisque elle-même tentait de se convaincre jour après jour que cela n'était pas arrivé. Elle avait fini par se convaincre que son enfance n'avait pas eu lieu et avait si bien programmé son cerveau qu'elle avait maintenant du mal à se souvenir de tous les détails manquants qui permettraient à Jean-Louis de comprendre qui elle était réellement. Elle revint à la maison avec autant d'incertitudes et très peu de réponses. Elle savait qu'elle avait besoin d'aide, mais ne savait comment la demander et ne voulait justement pas la demander à Jean-Louis. Elle voulait être aimée et non étudiée.

— Ça fait des heures que je te cherche! Tu étais où de même?

— Je marchais, pourquoi?

— Tu marchais où? Tu étais avec qui?

— J'étais seule, je voulais réfléchir parce que j'ai des choses à te dire et je ne sais pas comment...

— Moi je le sais comment, tu as juste à dire que tu l'aimes encore c'est tout! Ça fait combien de temps que ça dure comme ça? Pourquoi tu ne me dis pas la vérité?

— Aimer? Aimer qui?

Marc, qui était attablé dans la cuisine se demanda vraiment de quoi parlait son grand ami et se permit de prendre part à la conversation puisqu'il constatait que Amanda semblait parfaitement honnête dans ses propos.

— Voyons Jean-Louis, de quoi tu parles, elle ne semble pas te comprendre non plus, tu ne devrais pas crier sur elle comme ça, c'est pas bon pour son cheminement.

— Tu veux savoir qui elle est, et bien tu vas le savoir!

Jean-Louis quitta la cuisine et revient aussi rapidement avec la lettre de Pierre que Amanda avait oublié de remettre dans son coffre.

— Écoute bien ça! « … épouse-moi… viens à Paris… je t'attends… je te dis cent fois les mots je t'aime et si tu ne me crois pas je te les écrirai. Je t'aime »! Ça fait combien de temps que ça dure comme ça? Moi, le beau niaiseux, je pensais que tu m'aimais! Quand est-ce qu'il t'a envoyé ça hein?

— Quand ça qui et quand? Je ne comprends pas pourquoi tu pètes ta coche, je ne me souviens même pas c'est quand qu'il m'a envoyé ça, je me souviens juste qu'il y a beaucoup de monde qui me l'ont caché…

— Tu reçois une demande en mariage et tu ne te souviens plus quand. Penses-tu vraiment que je vais croire cela?

— Écoutes Jean-Louis, tout ce que je peux te dire est qu'il y a des affaires que je me souviens parfaitement et d'autres, pas du tout, et d'autres, pas au complet et que je ne sais pas pourquoi je suis comme ça?

— Trop facile!

Jean-Louis ne savait pas que Amanda souffrait de dissociation mentale pour la simple raison que Amanda ne le savait pas elle-même. Il avait remis la lettre à son ami Marc et celui-ci lisait la lisait au complet. Ce dernier finit par tirer doucement sur la manche de l'ami en colère, lui sourit et lui demanda de se calmer un peu, Amanda était figée par la peur. Dès que quelqu'un levait le ton sur elle, elle se repliait et devenait complètement silencieuse.

— Jean-Louis, as-tu vraiment tout lu?

— Quoi, c'est tellement clair il me semble, qu'est-ce qu'il y a de plus à dire?

— Regarde la date, as-tu vu comment elle date de loin, ça fait quoi deux ans?

— Merde! Je me suis emporté! Ah non! Qu'est-ce que j'ai fait? Mais Amanda, pourquoi tu ne me l'as pas dit pour la date, pourquoi tu la gardes?

— Bien là, c'est ce que j'essaie de te dire. Il y a des choses que je suis incapable de remettre en place dans le temps, je me souviens de certaines choses, mais je ne sais pas quand c'est arrivé. L'autre jour, tu m'as dit que j'étais pire que la Manic5. Pierre aussi pensait ça, pas dans les mêmes mots, mais il le pensait tout de même, alors je me suis souvenue de ce cette lettre et de certains souvenirs, je me suis finalement rendu compte que j'ai vraiment un problème... Avoue qu'une demande en mariage comme celle-là, on ne voit pas ça tous les jours quand même! Je la garde parce que ça me fait du bien. Lui aussi il m'aimait, tu sauras!

— Ouais... ça, je n'ai pas de misère à te croire... je suis tellement désolé! Tiens, reprends-la, c'est tes souvenirs et je n'aurais même pas dû la lire.

Malgré le fait que Jean-Louis se soit excusé, la situation laissa des marques sur le couple, car Amanda se demandait comment il réagirait s'il apprenait ce dont elle s'était souvenue récemment. Elle était maintenant convaincue qu'il ne pourrait pas faire face à la situation, ce serait beaucoup trop pour lui. Elle l'aimait profondément, mais ne voulait pas avoir à faire face à sa colère à chaque fois qu'elle se confierait à lui. Déjà qu'elle devait apprendre à vivre avec ces énormes trous de mémoire, comment pourrait-elle lui apprendre ce qu'elle-même avait tant de difficulté à se remémorer. Elle décida de se laisser du temps et de commencer les confidences tout doucement, elle verrait ensuite comment il réagirait. Elle se remit à écrire et se fixa des objectifs de confidences à atteindre avec lui. Elle rangea ses cahiers précieusement de peur qu'il tombe sur ceux-ci.

CAHIER 28

Quelques mois s'écoulèrent et Amanda avait commencé à raconter à Jean-Louis certains des événements traumatisants de son passé. Ce dernier écoutait attentivement ce qu'elle essayait d'expliquer avec le peu de mémoire qu'elle avait retrouvée. Il posait des questions qu'elle ne pouvait que rarement répondre, car ses souvenirs remontaient sous forme d'images saccadées. Elle ne voyait jamais une scène complète, elle avait l'impression de consulter un album photo et se contentait de commenter chaque image comme spectatrice et non comme partie prenante de l'évènement. Elle regardait sa vie comme un énorme casse-tête dont elle ne pouvait consulter qu'une pièce à la fois sans pouvoir imaginer le résultat final, comme si la couverture de la boîte du casse-tête avait été détruite. Les troubles d'anxiété prenaient le dessus avant qu'elle ne commence à avoir un aperçu de son passé effacé. Prise de panique, elle remettait tous ses souvenirs dans cette boîte imaginaire jusqu'à la prochaine tentative.

Amanda alla à la boîte aux lettres avant tout le monde et heureusement, car elle avait reçu une lettre de Benoît. Le cachet était de Laval. Elle lut la lettre, à peine deux lignes : *« viens me voir, il faut qu'on parle, je n'en peux plus, je pense que je vais aller chez ma mère pour un bout. »* Amanda referma la lettre et organisa son trajet pour un peu plus tard dans la semaine. Elle pourrait enfin se libérer de cette culpabilité qui la poursuivait et pourrait enfin dire à Benoît à quel point elle aurait voulu que tout ce qu'il avait vécu à Danville ne se soit jamais passé. Elle irait le voir le samedi suivant en finissant de travailler à son nouvel emploi au comptoir de bijoux. Si elle se rendait directement à la station du Métro Radisson, elle finirait le reste en autobus et pourrait revenir avant la noirceur. Peut-être pourraient-ils enfin se libérer tous les deux de ce qu'ils avaient vécu et gardé secret jusqu'ici. Amanda entrevoyait la possibilité de se pardonner mutuellement et de passer à autre chose.

Le jeudi soir suivant, Josée, la copine de Amanda téléphona en début de soirée. Benoît s'était suicidé. Il avait décidé de ne plus vivre dans ce monde de violence. Le choc fut impossible à encaissé pour Amanda et elle se réfugia dans un mutisme complet. Personne ne semblait au courant de ce que Benoît avait demandé à Amanda dernièrement. Il était retourné chez sa mère quelques jours auparavant et avait mis fin à ses jours. Incapable de rester au salon funéraire pour faire face aux regards des autres, elle repartit et assista à peine à son enterrement, demandant simplement à sa grand-mère enterrée quatre tombes plus loin de prendre soin de lui. Une partie d'elle était morte en même temps que lui et elle était persuadée d'être responsable de sa mort. Elle se renferma encore plus et sombra dans une dépression majeure. Elle entendait plusieurs commentaires dans son entourage disant que ce genre d'individu avait de fortes chances de finir de la sorte et que ce qui était arrivé était prévisible. Amanda se révoltait de l'intérieur. Elle aurait voulu leur crier à quel point Benoît avait aussi posé des gestes héroïques pour elle et sa sœur, mais cela semblait peine perdue.

La relation entre Amanda et Jean-Louis se détériora rapidement. Plus Jean-Louis croyait agir de bonne foi et plus Amanda s'éloignait de lui. Une coupure invisible, mais importante se fit lorsque Jean-Louis parla contre Benoît dans une conversation banale. Il avait dit que Benoît n'était qu'un délinquant et cela avait blessé Amanda. Benoît était beaucoup plus que cela à ses yeux, il avait même réussi à survivre à son père un certain temps, il était un gamin aussi blessé qu'elle, qui avait tenté lui aussi d'oublier et qui, en étant incapable, avait eu recours à des drogues pour calmer ses souffrances. Le milieu de la drogue l'avait achevé. Amanda tenta de pardonner à Jean-Louis toutes ces remarques désobligeantes qu'il faisait sur son univers devant sa famille et ses amis. Elle cessa de se confier à lui. Elle n'aurait eu qu'à lui parler encore plus ouvertement de son mécontentement et il aurait certainement compris. Elle ne le fit pas, déjà trop épuisée mentalement pour entreprendre ce genre de combat. Elle se tut, comme on lui avait appris depuis qu'elle était au monde, parler et dire la vérité ne lui avait apporté jusqu'ici que des problèmes et de trop grandes souffrances. Elle accumula sa peine et finit par développer également de la colère envers Benoît qui était parti sans la soulager de son poids. Elle devait maintenant survivre avec ses propres souffrances et celles de Benoît.

Ce fut à cette époque qu'un soir, s'étant couchée tôt, Amanda vécut un autre phénomène paranormal. Profondément endormie, elle fut dérangée par quelque chose qui la frôlait doucement, elle se retourna dans le lit pour constater qu'il y avait effectivement quelqu'un auprès d'elle qui lui caressait doucement le cou. Elle ouvrit les yeux et fut stupéfaite de voir sa sœur cadette lui sourire tout doucement. Amanda prit quelques secondes pour réaliser l'impossibilité de la situation et se mit à observer en détail ce qui tentait de se faire passer pour sa sœur. La chevelure était trop blonde, sa sœur bouclait naturellement et cette chose avait de fausses boucles, son sourire était figé et tout aussi faux. Cette chose semblait pouvoir communiquer avec elle, mais sa voix la trahissait, une voix rauque et malicieuse très loin du ton de voix unique de sa petite sœur. La peur envahit son cœur et elle se mit à crier : « Tu n'es pas ma sœur! Caroline n'est pas là! Je ne sais pas qui tu es, mais je t'ordonne de laisser ma sœur tranquille! Vas-t-en! ». Puis cette chose mystérieuse se transforma en chat et insista pour se faire câliner. Amanda se souvint de ce que lui avait sévèrement recommandé le docteur à Brossard quelques années auparavant lorsqu'elle habitait chez sa tante et s'écria de toutes ses forces: « Fous le camp! Tu ne peux pas être un chat, les chats ne parlent pas! Tu ne peux pas prendre l'image de ma sœur et d'un chat, ça prouve que tu n'es pas vrai! Vas-t-en! Laisse-moi! » Elle combattit de toutes ses forces cette chose mystérieuse qui voulait à tout prix s'en prendre à elle et qui venait de se montrer enfin sous son vrai jour terrifiante et décidée à lui voler son âme. L'ombre de charbon aux reflets verdâtres qu'elle avait vue chez sa tante était revenue. Amanda se sentit valser violemment partout dans la pièce en criant à l'aide. Elle vit les tiroirs de son bureau s'envoler comme s'il y avait une tornade dans la chambre. La scène dura plusieurs minutes. Elle réussit enfin à lancer un cri d'horreur en suppliant sa grand-mère de faire quelque chose. À la seconde près, elle se sentit atterrir dans le matelas de son lit. Jean-Louis et Marc apeurés par les cris ouvrirent la porte avec force comme si quelque chose les en empêchait, il eut un coup de vent froid qui fit frémir autant Jean-Louis que Marc. Jean-Louis courut à la fenêtre reprochant à Amanda d'avoir laissé la fenêtre ouverte, mais se ravisa aussitôt dès qu'il vit que la fenêtre était fermée. Les deux jeunes hommes se regardèrent ne comprenant pas d'où avait pu provenir cet air glacial. Amanda était couchée, épuisée et ses vêtements étaient détrempés comme si elle venait de sortir de la douche. Jean-Louis s'empressa de la couvrir chaudement. Le reste de la chambre était normal comme s'il n'avait s'agit que d'un simple cauchemar. Les trois jeunes personnes ne comprirent jamais ce qui s'était réellement passé dans cette chambre ce soir-là et ils en reparlèrent que rarement et qu'à mi-voix comme s'il était préférable que se soit ainsi. Cet événement vint renforcer le côté sombre de la personnalité d'Amanda, car elle se sentait responsable de ne pas pouvoir répondre aux questionnements des deux jeunes hommes. Jean-Louis eut l'idée de lui faire rencontrer un de ses amis de Châteauguay.

— Tu vas voir, c'est un gars génial.

— Comment as-tu dit qu'il s'appelle?

— Alain, je sais que tu ne le jugeras pas.

— Pourquoi je le jugerais?

— Parce qu'il doit prendre des pilules pour fonctionner normalement.

— Tu voudrais que je prenne des pilules Jean-Louis, tu penses que je suis folle, c'est ça?

— Non, je ne pense pas que tu sois folle, tu es différente, mais pas folle, je veux juste que tu prennes conscience qu'il y a certaines choses qui peuvent parfois nous dépasser et je crois que vous pouvez vous apporter quelque chose mutuellement. De plus, il va peut-être te laisser voir ce qu'il fait...

— Qu'est-ce qu'il fait?

— Il peint.

Amanda fut surprise de cet être différent rempli de talent, elle se promena parmi ses toiles étalées dans son atelier et s'imprégna de l'odeur de peinture à l'huile fraîche. Elle comprit ce que voulait dire Jean-Louis. Il voulait qu'elle trouve un moyen de s'exprimer ne sachant pas qu'elle s'exprimait déjà par l'écriture. Elle arriva à entrer dans chaque toile pour y percevoir chaque couleur, chaque souvenir silencieux et chaque émotion. Elle était émue et exprima au peintre doué ce qu'elle ressentait pour certaines toiles. La connexion fut instantanée et ils se mirent à échanger sur leurs propres vécus. Après quelques heures, Jean-Louis avisa Amanda que Alain devait monter au deuxième étage pour le souper et ce dernier s'empressa de demander à Amanda s'il y avait une toile qui était venue la chercher plus que les autres. Amanda lui indiqua une toute petite toile sur laquelle on voyait une rose qui avait réussi à pousser entre deux rochers.

— Ah oui, celle-ci, pourquoi?

— Parce qu'elle est seule et qu'elle réussit à fleurir malgré la noirceur. Personne ne croit qu'une fleur ne peut pousser à cet endroit, mais c'est faux parce que la rose utilise la lune comme un miroir pour récolter les rayons du soleil qui y reflètent.

— Elle est à toi, elle n'est pas encore sèche, mais si tu la veux, tu peux partir avec en la tenant par dessous, je ne savais pas pourquoi je la peignais, mais ça devait être pour toi.

— Je vais la garder toute ma vie…

Ce fut un grand soulagement pour Amanda lorsque Jean-Louis lui annonça qu'il avait peut-être un projet de déménagement. Elle fut en parfait accord avec l'idée de ne plus dormir dans la chambre qui la terrorisait maintenant et accepta d'emménager sur la rue Lafayette avec lui et leur ami colocataire. Amanda alla de mieux en mieux et recommença à travailler dans la même quincaillerie que Marc. Un jour, alors que Amanda était à la caisse, elle vit son frère arriver accompagné de son ami d'enfance Richard. Elle était déchirée entre le plaisir de revoir Richard et la colère d'imaginer son frère en train de lui faire des problèmes à son travail. Elle était encore très frustrée qu'il lui ait fait perdre son poste au restaurant et Jean-Louis lui avait clairement fait savoir qu'il ne voulait plus voir son frère rôder autour d'elle. Avec tout ce qu'elle avait vécu durant la dernière année, son frère était bien la dernière personne qu'elle voulait voir, sa présence ne pouvait qu'assurément lui attirer de nouveaux problèmes et elle avait la ferme intention de se laisser une chance de reprendre une vie normale avec Jean-Louis. Marc qui était dans le rayon de la plomberie et qui avait vu leur arrivée fit un signe de tête à Amanda. Elle comprit qu'il l'appuyait dans sa décision de prendre ses distances face à son frère. Elle le revira durement, mais eut beaucoup de difficulté à cacher sa peine à Richard. Ce dernier comprit la délicatesse de la situation et il partit avec respect alors que Claude fut frustré. Dès son retour à la maison, Amanda raconta à Jean-Louis ce qui était arrivé et il fut positivement surpris que Amanda ait pu enfin s'affirmer de la sorte. Amanda commença à prendre de l'assurance et exprima même parfois de l'humour, ce qui en surprit plus d'un. Jean-Louis lui avait offert un chaton et ce dernier aidait Amanda à entrer en contact avec les gens autour d'elle. Elle s'ouvrait enfin et dans les semaines qui suivirent, Amanda se mit à confier à Jean-Louis plusieurs faits dont elle se souvenait. Le casse-tête commençait à prendre forme.

Les parents de Jean-Louis prirent également connaissance de certains faits concernant le passé de Amanda et la mère conseilla fortement à son fils d'insister auprès de cette dernière pour qu'elle renoue avec sa mère. Elle croyait que cela l'aiderait à retrouver la mémoire. Elle qui avait adopté Jean-Louis et donc, qui avait grandement désiré et choisi d'être mère ne pouvait s'imaginer à quel point il pouvait en être autrement pour une femme qui avait toujours rêvé de ne pas avoir d'enfant et qui en avait tout même mis cinq au monde. Jean-Louis crut lui aussi que ce serait bénéfique pour Amanda de renouer avec sa mère. Il l'invita donc pour souper alors que Amanda était au travail. Lorsqu'elle arriva après sa journée et entra dans le salon, sa mère était au piano et avait déjà commencé son spectacle de séduction. Amanda regarda son conjoint avec étonnement et celui-ci lui fit signe de la main de faire preuve de compréhension. Amanda n'en croyait pas ses yeux. Elle comprit que sa mère était arrivée depuis peu et qu'elle n'avait pas bu plus de deux verres d'alcool. Elle fit signe à Jean-Louis de la rejoindre dans la cuisine discrètement et elle l'avertit de cesser de donner du vin à sa mère.

— Jean-Louis, tu aurais dû m'en parler avant.

— Tu aurais refusé.

— Pourquoi penses-tu?

— Elle n'est pas si pire, regarde, elle joue du piano!

— Jean-Louis, au premier verre elle dit allô, au deuxième elle joue du piano, et au troisième elle joue du couteau!

— Bien voyons donc, relaxe, prend un verre toi aussi, je suis là, elle ne te fera rien, je te le promets...

— Jean-Louis, tu...ah...laisse faire!

— Non! Envoie Amanda, ne garde pas ça en dedans.

— Je veux qu'elle parte après le souper et on s'en reparle après.

— Tu as peut-être raison, j'aurais dû te le demander, je suis désolé, ça va aller, je te le jure.

Sa mère fit exactement ce que Amanda craignait. Elle était venue faire son spectacle de femme qui avait mangé tant de misère, se plaignant que cela avait été si difficile d'élever cinq enfants toute seule, sans mari et sur l'aide sociale en omettant bien de préciser que cette situation n'avait duré en réalité que quelques semaines. Elle n'avait jamais eu la garde de plus de deux enfants en même temps. Elle donna une image totalement fausse d'elle. Comme si le malheur ne s'était abattu que sur elle et que ses propres enfants n'avaient jamais souffert et maintenant, tous lui devait tout. Jean-Louis la prit en pitié et supplia Amanda de faire plus attention à elle. Amanda en était incapable. Pour elle, cette femme n'était pas sa mère, elle ne l'avait jamais été ou que très peu. Elle ne se souvenait d'aucun geste qui aurait pu avoir une connotation maternelle. Amanda n'avait pas pu développer ce genre de lien si précieux et ne réalisait même pas que cela lui manquait. Jean-Louis alla reconduire sa belle-mère chez elle et revint. Amanda lui avoua alors un fait troublant.

— Jean-Louis, te souviens-tu ce que je t'ai raconté, ce qui m'est arrivé dans le salon quand j'étais petite?

— Oui, je m'en souviens…

— Je t'ai dit que j'avais été traînée dans la salle de bain après l'agression par mon père et battue presque à la mort, mais je ne t'ai pas tout dit.

— Vas-y, parle-moi... je ne demande pas mieux...

— C'est elle qui a fait ça.

— Hein?

— C'est ma mère qui m'a battue comme cela après m'être fait agressée dans le salon, elle m'a traînée par les cheveux jusqu'à la salle de bain et m'a battue à coup de poing et coups de pied.

— Tu es sure?

— Je te dis que c'est elle, je le sais, je m'en souviens très bien. Elle n'est pas la mère que tu t'imagines.

— Et qu'est-ce qui est arrivé par la suite?

— Aucune idée, un autre trou noir.

— Tu ne peux pas lui pardonner?

— J'ai tout fait ce que je pouvais, je te le jure, mais il n'y a plus rien à faire. Je veux juste qu'elle ne revienne plus ici, plus jamais, c'est tout.

Jean-Louis fut incapable de rester sans rien tenter pour aider Amanda. Il lui conseilla plusieurs trucs pour renouer avec sa mère, lui recommanda de lui pardonner, car elle devait avoir vécu elle aussi des choses atroces pour agir ainsi. Amanda refusa allant même jusqu'à l'affronter dans ses valeurs les plus profondes.

— Imagine un peu qu'on décide d'avoir des enfants et que je me mette à les battre du jour au lendemain, qu'est-ce que tu dirais ? « ...il faut la comprendre, elle a vécu des affaires elle aussi »? Non Jean-Louis, je ne peux pas lui pardonner, car elle fait comme si rien ne s'était passé. Elle veut me faire passer pour une menteuse pour cacher ses gestes plutôt que de me dire la vérité. Elle n'est pas la mère que tu penses. Maintenant que je suis en mille morceaux, elle voudrait revenir dans ma vie et faire semblant d'être une mère parfaite et victime de tout? C'est non, point final.

— Tu es dure Amanda...

— Je ne suis que la somme de tout ce qu'on m'a fait et si je peux devenir assez dure pour qu'on me foute la paix, alors ce sera ainsi.

CAHIER 29

Amanda avait repris un semblant de vie normale, mais ressentait le besoin de fuir. Elle lut une offre d'emploi dans le journal et décida que cela lui ferait du bien de s'éloigner de tout, de prendre du recul et de décider ce qu'elle devait faire pour elle-même.

— Jean-Louis, je veux cet emploi, ma décision est prise.

— Ça n'a pas d'allure! Tu seras partie quatre mois! En plus je ne saurai jamais où tu seras, dans quelle ville, avec qui, ça me fait peur tout cela.

— Je le fais pour moi, pour trouver qui je suis, je ne toucherai pas à un seul sou, je vais tout déposer dans notre compte et quand je reviendrai, ça nous fera de l'argent pour un projet ensemble.

— Je ne comprends pas pourquoi tu fais cela.

— Je veux savoir si je peux fonctionner normalement, sans toi.

— Dis plutôt que tu veux fuir.

— J'étouffe Jean-Louis, il faut que je parte, pendant ce temps, tu retourneras voir les Canadiens avec ma mère, ça va passer plus vite!

— Je le savais! Ça rapport avec ta mère?

— Peu importe, ma décision est prise.

Jean-Louis n'eut d'autre choix que d'accepter la situation. Amanda restait intraitable. Elle avait pris sa décision et rien ne la ferait changer d'avis. Il décida de s'impliquer dans les préparations de son départ et Amanda apprécia grandement les efforts qu'il y mettait. Elle espérait se détacher suffisamment de lui pour arriver à voir plus clair sur elle-même sans les multiples explications psychologiques dont il faisait si souvent référence. Amanda savait que c'était la façon de Jean-Louis de la comprendre et elle acceptait que ce soit ainsi pour lui. Mais pour sa propre compréhension, elle préférait se fier uniquement qu'à son instinct et celui-ci lui disait de partir. Elle joignit l'équipe de douze jeunes et fit avec eux le tour du Québec, de l'Ontario et du Nouveau-Brunswick. Le but de l'aventure était de promouvoir certains sports expérimentaux tels que le patin et le ski sur des surfaces synthétiques. L'adaptation fut difficile au début, car les autres jeunes avaient déjà été entraînés quelques mois auparavant contrairement à elle. Elle réussit tout de même à prendre sa place et elle fut aidée par un des participants en particulier. On confia à Amanda la tâche d'identifier, de transporter et placer des tuyaux de fer de façon à ce que lorsque les monteurs de chapiteaux arrivaient, qu'ils aient toutes les pièces à la portée de main. Les chapiteaux étaient ainsi assemblés rapidement et de façon sécuritaire. Hugo, son compagnon de travail avait remarqué que Amanda éprouvait certaines difficultés à visualiser le résultat de l'ensemble et que cela lui faisait faire des erreurs. Après plusieurs accrochages entre Amanda et les monteurs de chapiteaux, Hugo alla parler à Amanda.

— Qu'est-ce qui ne va pas Amanda?

— Aucune idée! Les deux gars disent que j'ai oublié des pièces, ils me les ont montrées, ce n'est pas un oubli puisque je ne savais pas qu'ils devaient être là! Je ne peux pas tout deviner moi! Comment savoir s'il manque des pièces? Pourquoi il n'y a pas des numéros dessus, ça aiderait?

— Toi, c'est certain que tu n'as pas vu les plans!

— Ils disent que je suis censée faire ça les yeux fermés.

— Il y en a qui font ça sans plan, mais peut-être que tu es cartésienne?

— Carté…quoi?

Hugo éclata de rire en voyant le regard interrogateur de Amanda. Il lui expliqua ce que voulait dire ce mot et Amanda compris immédiatement qu'il venait d'identifier le problème. Hugo alla parler aux deux monteurs de chapiteaux et revint avec le plan. Dès que Amanda vit le plan, elle comprit le rôle de chaque pièce et la relation que celles-ci avaient entre elles. Après seulement deux essais, tout fut en place avec perfection. Les monteurs vinrent vérifier son travail et durent se rendre à l'évidence qu'on n'apprend pas tous de la même façon. Après quelques heures, Amanda pouvait exécuter ses tâches rapidement et même dans la joie puisqu'elle écoutait sa musique préférée avec son baladeur. Les semaines et les mois passèrent. Hugo était devenu un ami pour Amanda. Ils s'échangeaient leur musique, leurs idées et étaient toujours côte à côte dans le véhicule qui les emmenait d'une ville à l'autre. Amanda se mit à inscrire sur son casque de sécurité à l'aide d'un marqueur noir, toutes les villes qu'elle avait ainsi visitées avec ce groupe. Son imperméable jaune était lui aussi rempli de dessins et de commentaires sur les endroits qu'elle avait fréquentés. Arriva enfin la destination à laquelle elle pourrait revoir Jean-Louis. Elle avait très hâte de lui raconter tout ce qu'elle avait vu ces derniers mois. Elle inscrivit « Longueuil » sur son casque et l'entoura d'un cœur et d'un bonhomme souriant.

Toujours affairée à placer les tuyaux de fer, Amanda regardait constamment par-dessus son épaule en direction de la clôture. Elle avait expliqué à Jean-Louis qu'elle serait probablement de ce côté du terrain lors du montage du festival et elle avait très hâte de le voir. Elle l'aperçut enfin, mais au lieu de voir un homme souriant et content de la retrouver après une si longue absence, elle découvrit un visage troublé, inquiet et un regard accusateur. Après seulement quelques minutes de conversation, elle se demanda ce qui pouvait bien détourner autant le regard de Jean-Louis et elle regarda dans la même direction que lui. Hugo était un peu plus loin et vaquait à ses occupations habituelles. Amanda comprit que Jean-Louis n'était pas à l'aise.

— Il s'appelle Hugo, c'est mon coéquipier.

— Ouais... Viens-tu à la maison en fin de semaine?

— C'est sur! Je pourrais y aller samedi et dimanche pour souper!

— Pour souper? Pourquoi ne viens-tu pas pour la fin de semaine?

— C'est dans le contrat, on doit rester sur place la nuit. Pendant le festival, c'est la nuit qu'on travaille pour que tout soit prêt lorsque les visiteurs arrivent le matin, tu comprends? Par contre, dans le jour, on a parfois jusqu'à six heures de pause si tout s'est passé normalement lors du montage. Il y a aussi des rondes d'urgence, quatre personnes sont nommées à tour de rôle, deux techniciens et deux aides, c'est au cas où un chapiteau s'effondre ou des accidents de ce genre. Je fais partie des aides.

— Je vais devoir me contenter de... souper?

— C'est bon de la soupe!

— Ah Amanda! Je n'aime pas ça quand tu fais semblant de ne pas comprendre!

— J'essaie juste d'être drôle! Tu sais, dernièrement, j'ai appris que c'est important de rigoler un peu, l'autre jour, sur la route, il faisait vraiment mauvais et on s'emmerdait tellement qu'on a commencé un concours de conneries. C'était celui qui dirait la connerie la plus dégueulasse et se donnait une note sur dix, j'ai obtenu seulement la note de deux, mais quand je me suis couchée ce soir-là, j'avais des crampes dans les mâchoires et je me suis souvenue à quel point j'aimais rire quand j'étais petite.

— Toi rire, quand tu étais petite?

— Oui! Quand mon grand-père venait me chercher à la maison avec mon oncle Armand et qu'il m'emmenait à Richmond, ma grand-mère embarquait à son tour et on descendait à Métis et tu ne peux même pas t'imaginer toutes les belles affaires que j'ai vécues là-bas!

— Tu ne m'as jamais raconté ça!

— C'est sur! Je ne m'en souvenais pas! Jean-Louis, il y a beaucoup de souvenirs qui me reviennent depuis que je suis sur la route. De plus, j'apprends des choses sur moi. Des fois on se couche le soir tous entassés comme des sardines...

— Hein! Vous couchez ensemble toute la gang?

— Non! Écoute-moi donc! On est arrivé à Baie-Comeau et le maire nous a informés à la dernière minute qu'on n'avait pas d'endroit où dormir et il faisait très froid, alors on a dû dormir dans l'entrée de l'hôtel de ville tous entassés pour se réchauffer. Une autre fois, on s'est fait inonder nos tentes qu'on venait juste de recevoir et on s'est retrouvé huit dans une petite tente, la seule qui n'avait pas pris l'eau, on était à moitié nu parce que nos vêtements étaient trop trempes, c'était la seule...

Amanda fut interrompue par ses collègues et n'eut pas le temps de finir son explication au sujet de l'hypothermie. Des tuyaux de fer venaient de céder et son équipe avait besoin d'elle pour retenir la toile géante qui risquait de s'envoler au vent. Elle courut vers la toile et se retourna en chemin pour crier à Jean-Louis : « Demain, viens me chercher à midi! » Puis elle ramassa un coin de toile et aida ses collègues. Jean-Louis repartit encore plus inquiet qu'il n'était arrivé et n'entendait plus que les mots « nus, ensemble et tente, » résonner. Il voyait bien que Amanda n'était plus la même, elle était devenue une jeune femme souriante, énergique, débrouillarde, curieuse et très drôle. Il revint la chercher à midi tapant le lendemain. Un silence étrange s'installa dans l'auto et c'est seulement une fois à l'intérieur de la maison qu'elle fut prise de nostalgie, mais surtout d'un grand bonheur manqué.

— Oh oui! Je vais pouvoir m'asseoir sur le futon, enfin! Oh oui! J'ai hâte de prendre une douche! Wow Marc! C'est quoi que tu écoutes?

— C'est Pat Metheny, c'est bon hein?

— Mets-en! Ça sent bien bon dans la cuisine!

— Des pâtes!

— Ça sent le bacon!

— Oui, il y en a un peu dans la sauce.

Marc réalisa que Jean-Louis n'avait pas le temps de placer un mot, mais qu'il était souriant, il se retira un peu afin de leur laisser un peu d'intimité. Jean-Louis semblait heureux que certaines choses aient manqué à Amanda, mais il souriait surtout de la voir enfin heureuse. En fait, c'était la première fois qu'il voyait autant de lumière dans les yeux de celle-ci, elle avait perdu son côté sombre et elle était beaucoup plus ouverte. Elle s'exprimait clairement et était directe et franche. Elle regardait les autres droit dans les yeux pour leur parler et cela lui plut au plus haut point. Il avait devant lui une nouvelle Amanda et était empressé de reprendre vie commune avec elle. Il ne put par contre s'empêcher de se demander si un autre jeune homme pouvait être la source de ce changement qui lui semblait si subit ne se doutant pas que ce changement provenait de l'intérieur de celle-ci. Il avait remarqué le regard triste de Hugo qui avait regardé Amanda s'éloigner pour lui parler et se demandait ce que pouvait bien cacher ce regard. Amanda fut pour sa part un peu déçue de voir autant d'amis arriver pour le souper, mais d'un autre côté, cela la protégerait d'un éventuel rapprochement trop intime avec Jean-Louis, car elle savait que si elle se permettait de se blottir sur lui, il lui serait beaucoup trop pénible de repartir par la suite. Elle voulait terminer son contrat et ne voulait pas se sentir coupable de vouloir vivre ce qu'elle devait vivre. Le souper eut lieu dans la joie. Amanda annonça ensuite aux invités qu'elle devait maintenant les quitter pour aller rejoindre son équipe de nuit. Certains comprirent le rôle qu'elle jouait dans son équipe, mais la plupart baissèrent la tête l'accusant silencieusement d'abandonner Jean-Louis une seconde fois. Seul Marc vint la reconduire à la porte et en profita pour lui parler.

— J'ai déjà hâte que tu reviennes, tu as tellement changé.

— Ne t'inquiète pas, je vais revenir et ce sera fini l'ancienne Amanda. Je veux que vous me traitiez comme une adulte, tu comprends?

— Tu sais bien que oui, c'est juste que c'est dur pour lui, il veut t'aider et toi, tu pars trouver ton aide ailleurs.

— Tu as mis le doigt dessus Marc, je ne veux pas qu'il m'aide, je veux qu'il m'aime.

— Ouais, mais ce n'est pas à moi de lui expliquer cela, c'est entre vous deux, ce n'est pas facile de trouver le juste milieu! Je vais quand même m'occuper de lui, ne t'en fais pas.

Amanda repartit en pleurant. Elle savait maintenant que Jean-Louis se sentait abandonné et c'était bien la dernière chose qu'elle aurait voulue. Ayant tant souffert de l'abandon dans le passé, elle comprenait parfaitement ce qu'il pouvait ressentir. Elle savait toutefois qu'elle ne pouvait rebrousser chemin. Son chemin était tracé et elle n'avait pas le choix. Persuadée qu'il saurait comprendre et qu'il aurait hâte de la retrouver encore plus épanouie, elle se reprit et s'encouragea mentalement à repartir sur la route. Deux longs mois s'écoulèrent. Elle téléphona quelques fois à Jean-Louis dans les premières semaines et commença à distancer les appels. Celui-ci semblait plus préoccupé à tenter de la faire revenir qu'à écouter ce qu'elle avait à dire. Plus elle tentait de se rapprocher de lui pour lui faire comprendre qu'elle devait vivre un certain détachement émotif pour réussir à plonger à l'intérieur d'elle plus il se braquait comme s'il refusait d'aimer cette nouvelle Amanda et s'entêtait à retrouver celle de qui il était tombé amoureux.

Amanda refusa de reculer, elle se rendrait au plus profond d'elle même coûte que coûte afin de découvrir qui elle était et replacer tous les morceaux du casse-tête qu'était sa vie. Entre deux nuits de travail et entre une cassette de Gino Vannelli et une de Dire Straits, elle se mit en frais de comprendre également pourquoi certains morceaux de sa vie étaient ainsi disparus. Pourquoi ses parents avaient-ils mis tant d'efforts à la faire détester des autres enfants? Pourquoi faisaient-ils tous semblant de rien alors que le malaise persistait? Pourquoi avait-elle disparu des murs de la maison à Danville, laissant des traces défraîchies sous les nouveaux cadres qui y avaient été accrochés? Pourquoi fallait-il à tout prix que tous, dans la famille fassent comme si rien ne s'était passé. Pourquoi fallait-il absolument que Amanda passe pour folle? Pourquoi y avait-il un mot qui était dernièrement apparu sur toutes les lèvres : « mensonges »?

***

À suivre dans

Les Cahiers de Manda

Tome 2

Perdition

www.ingramcontent.com/pod-product-compliance
Lightning Source LLC
Chambersburg PA
CBHW070614160426
43194CB00009B/1266